中国好课程经典文库

寻觅与传承

做时代新淑女

蔡朝霞 □ 编著

东北师范大学出版社

长　春

图书在版编目（CIP）数据

寻觅与传承：做时代新淑女 / 蔡朝霞编著. —长春：东北师范大学出版社，2019.2
ISBN 978-7-5681-5524-3

Ⅰ.①寻… Ⅱ.①蔡… Ⅲ.①中学语文课—教学参考资料 Ⅳ.①G634.303

中国版本图书馆CIP数据核字（2019）第039845号

□策划创意：刘　鹏

□责任编辑：张芙蓉　张新宁　□封面设计：姜　龙

□责任校对：刘彦妮　张小娅　□责任印制：张允豪

东北师范大学出版社出版发行
长春净月经济开发区金宝街118号（邮政编码：130117）
电话：0431-84568033
网址：http∥www.nenup.com
北京言之凿文化发展有限公司设计部制版
廊坊市金朗印刷有限公司印装
廊坊市广阳区廊万路18号（邮编：065000）
2022年6月第1版　2022年6月第1次印刷
幅面尺寸：170mm×240mm　印张：12.75　字数：250千

定价：45.00元

致　谢

　　《寻觅与传承——做时代新淑女》是语文拓展性综合实践活动课程。既符合语文教育的传统，又有利于学生在感兴趣的自主活动中全面提高语文素养，适合在初中学段开设。在本书的策划、提炼过程中，在深圳市龙岗区教育局及教师进修学校的支持下，蔡朝霞名师工作室组建了编委会。

主　任： 蔡朝霞

副主任： 周许龙　黄向荣

编　委： 刘顺英　段　婧　李景葵　程文洁

　　　　　陆美娟　董玉芬　刘小萍　杨玉凤

　　　　　胡智源　李英菊　刘艾利　张玉辉

　　　　　于馨淼

丛书编委会对深圳市龙岗区教育局及教师进修学校的大力支持特表谢意！

目 录

第一辑　沐风吟唱的窈窕淑女

第六辑　浓妆淡抹的淑女妆容

 寄语：

    我们女孩，总有些问题无法启齿；我们女孩，总是有这样那样的麻烦事。有人说，女孩该这样；有人说，女孩该那样。而我们，就是我们自己。

    我们女孩，是一朵朵小花，需要学会绽放自己的芳华；我们女孩，是一个个小小世界，需要很好地了解自己的地盘。

    我们女孩，有着梦想，有着期待。不是因为看了白雪公主、灰姑娘的故事，祈盼白马王子的出现，而是努力拥有自信，在跌跌撞撞中擦干悲伤的眼泪，开创属于自己的未来。

    我们出生了，爸爸妈妈在琳琅满目的商店里给我们挑选礼物；我们慢慢长大了，变得有些叛逆，和爸爸妈妈唱着反调。

    在成长的旅程中，有很多问题我们想知道答案，这些问题或许连爸妈都不知道该如何正确地回答。

    我们渴望完美，我们传承经典，我们也想缔造一个个富有时代特征的淑女。于是，有了这本《寻觅与传承——做时代新淑女》。

    看到这里，请男孩不必绕开，这写给的是男孩子心目中的完美女孩。

    让我们一起穿越春秋战国、两汉、唐、明、清、近代，寻觅中国淑女的美好吧！"扮"起来，穿越啦！

第一辑

沐风吟唱的窈窕淑女

　　轻抚古卷，从春秋时代的《诗经》中走出一个个古老的淑女，或"明眸善睐"，或"艳若桃花"，或"窈窕淑女"，或"秋水伊人"。她们款款盈盈地游走在浪漫的民歌里，用诗的清雅去寻找，用经的深邃去叩问。

　　到了《楚辞》里，这美好的女子幻化成屈原笔下的山鬼，坚贞不渝，神秘高雅。也许是前世的前世，我们心底曾经想象过那个声音。

　　拾起前世的记忆，流芳千古的美好女子竟然已经穿越到两汉时期。一个是智慧刚烈的罗敷女，一个是优柔寡断的刘兰芝，留下多少传奇？又如何能忘记？弄弦舞墨的蔡文姬，如一只孤飞的大雁鸣叫着一曲责任与爱交织的心曲。

　　不可不追溯到满眼繁华的宋朝，那个吟着《一剪梅》的千古第一才女，那个婉约诗派的佳人；她就是泛舟溪上、沉醉迷路、惊醒鸥鹭的李清照。

　　史上留芳名，书中觅芳踪。淑女最美好的诠释在这里——月光下、稻田里、芦苇旁、水中央、大漠中、荷塘处。

风 雅 篇

　　《诗经》在手，那些或模糊或清晰的女子袅袅娜娜而至，如诗、如画、如曲。山川大地之灵秀，尽在女子举手投足间。《诗经》里的女子，是深深砌在灵魂里的，是美的至高追求。那些月光下、稻田里、芦苇旁、水中央的精灵，穿越千年依然是最美的风景。

　　《诗经》中那优美的文辞、淳厚的情感，滋润、涵养着我们华夏民族的文化艺术与人文精神，特别是对女性人物外在形态之美的描写和把外在形态与内在神态相结合的描写方式，成为中国历代文学共同遵循的创作手法。《诗经》所塑造的女性形象对后世产生了积极的影响，显现出周朝社会对女性形象欣赏、取舍、评价的标准。在礼制初成的周朝，对女性形象的要求除了外在的审美需要之外，还包括对女性品德、品格的要求，这也成为中国最早的美好女性标准。

　　《诗经》之美可以诵之、弦之、歌之、舞之。

关 雎

关关雎鸠，在河之洲。窈窕淑女，君子好逑。

参差荇菜，左右流之。窈窕淑女，寤寐求之。

求之不得，寤寐思服。悠哉悠哉，辗转反侧。

参差荇菜，左右采之。窈窕淑女，琴瑟友之。

参差荇菜，左右芼之。窈窕淑女，钟鼓乐之。

自由阅读卡

　　《关雎》是《诗经》的首篇，出自《国风·周南》。《关雎》以"关关雎鸠，在河之洲。窈窕淑女，君子好逑"开篇，形象地描绘了不畏艰辛的"君子"，随着左右漂流的荇菜前行，努力寻觅如荇菜般容貌美丽、内心贤德、能登宗庙朝堂的心中淑女，由于追求太过完美，以致有求而不得的焦虑心境。诗中赞颂"君子"历尽千辛万苦求取荇菜，隐喻出"君子"寻觅心中贤德淑女的不易。雎鸠的阵阵鸣叫诱动了小伙子的痴情，使他独自陶醉在对姑娘的一往情深之中。种种复杂的情感油然而生，渴望与失望交错，幸福与煎熬并存，一位纯情少年热恋中的心态在这里表露得淋漓尽致。成双成对的雎鸠就像恩爱的情侣，看着它们在河中小岛上相依相和的融融之景，小伙子的目光被采荇女吸引。诗人在这里用了"流""采"等词描述小伙子心理变化的过程。

诗中许多句子都蕴含着很深很美的含意。千古传颂的佳句有"窈窕淑女，君子好逑"，既赞扬她的"美貌"，又赞扬她的"美心"，可谓是前后呼应、相辅相成。又如"辗转反侧"句，极为传神地表达了恋人的相思之苦，后来白居易《长恨歌》中的"孤灯挑尽未成眠"和乔吉《折桂令·寄远》中的"饭不沾匙，睡如翻饼"，都是从这里化出的名句。而最后一句"钟鼓乐之"，更是"千金难买美人笑"之类故事的原本。通过这不知名的作者的笔，我们完全被这朴实的恋情和美丽如画的场景感动了。

知识小卡片

淑，形声，从水，从叔，叔亦声。"叔"意为"捡拾"。"水"与"叔"联合起来表示"在清水中捡拾"。本义水清澈，可释为温柔善良、贤惠。

洲，本义指水中的陆地，引申义是地球上陆地的大的划区，特指其大小和结构上与岛屿和半岛不同的大片陆地及以山脉为界的大盆地。

逑，做名词，指配偶。

淑善贤德

《关雎》中将荇菜比喻淑女，借助荇菜"其色黄、生于水上、花期长"来歌颂女子之德，揭示了女子淑善贤德是家族幸福兴旺的源泉、社会和谐的保障。古往今来，一个好品德的女人会成为一个好品德的母亲，一个好品德的母亲一定会培养出好品德的孩子，最终在家庭中树立好的品德理念。

1. 诗歌中"关雎"形象的出现有何作用？

2. 根据诗歌内容，发挥想象，画一画你头脑中的淑女形象，题诗其上。

商周服饰

形式主要采用上衣下裳制。衣用正色，即青、赤、黄、白、黑等五种原色；裳用间色，即以正色相调配而成的混合色。服装以小袖为多，衣长通常在膝盖部位。衣服的领、袖及边缘都有不同形状的花纹图案，腰间则用条带系束。春秋战国时期，出现一种名为"深衣"的新型服饰，是一种连体服饰。深衣的出现改变了过去单一的服饰样式，深受人们的喜爱，不仅用作常服、礼服，且被用作祭服。

商周服饰

硕 人

硕人其颀，衣锦褧衣。齐侯之子，卫侯之妻。东宫之妹，邢侯之姨，谭公维私。
手如柔荑，肤如凝脂，领如蝤蛴，齿如瓠犀，螓首蛾眉，巧笑倩兮，美目盼兮。
硕人敖敖，说于农郊。四牡有骄，朱幩镳镳，翟茀以朝。大夫夙退，无使君劳。
河水洋洋，北流活活。施罛濊濊，鳣鲔发发，葭菼揭揭，庶姜孽孽，庶士有朅。

自由阅读卡

　　高大的人啊真俊美，衣有锦缎但还崇尚麻纱衣。她是齐侯的爱女，是卫侯的爱妻。她是太子的胞妹，还是邢侯的小姨，谭公又是她的妹夫。

　　她的手就像柔软的小草，肤色就像那凝结的玉脂，脖颈洁白丰润，牙齿像那瓠瓜的子。丰满的前额，弯弯的眉，迷人的笑好漂亮啊，美妙的眼睛眼波流动。

知识拓展

柔荑：植物初生的叶芽。旧时多用来比喻女子柔嫩洁白的手，也借指女子的手。

蝤蛴：蝎虫，天牛的幼虫，天牛科。黄白色，身长足短，呈圆筒形。蛀食树木枝干，是桑树和果树的主要害虫。借以比喻妇女脖颈之美。

瓠犀：瓠瓜的子。因排列整齐、色泽洁白，所以常用来比喻美人的牙齿。

淑女名片

巧笑倩兮　美目盼兮

诗中描写齐女庄姜出嫁卫庄公的壮盛和美貌，着力刻画了庄姜高贵、美丽的形象，描写细致，比喻新鲜，以致清人姚际恒由衷感叹："千古颂美人者无出其右，是为绝唱。"诗从庄姜身份家世写起，再写其外貌，有如一个特定镜头。最后一节在"河水洋洋""葭菼揭揭"的优美环境中，铺写"庶姜""庶士"的盛况，又像是一幅画面，镜头慢慢推向远方，一行人走向远方，给人留下无尽的回味，新鲜生动，而且意味深长。阅罢《硕人》这幅妙绝千古的"美人图"，留给人们最鲜活的印象是那倩丽的巧笑、流盼的美目——"巧笑倩兮，美目盼兮"。

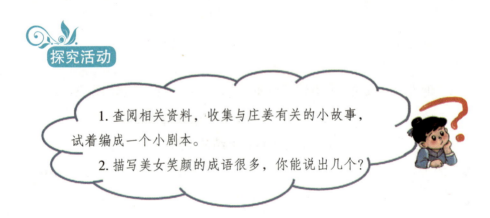

1.查阅相关资料，收集与庄姜有关的小故事，试着编成一个小剧本。

2.描写美女笑颜的成语很多，你能说出几个？

淑女小贴士

先秦服饰

先秦是指秦朝建立之前的历史时代，经历了夏、商、西周，以及春秋战国等历史阶段。先秦时期的服饰实质上是统治者的工具。周朝时期出现了冕服，对中国古代服装的发展有着深远的影响。与此同时，"深衣制"即上衣下裳连接在一起的形式也出现了，并逐渐普遍地被采用。战国时，妇女普遍穿宽边缠绕式的肥大曲裾深衣。衣服的左襟展开时呈三角状，穿时将其环腰部一圈，再用腰带扎好，配上横线与斜线并用的镶边，总体表现出静中有动、动中带静的装饰效果。

先秦服饰

有女同车

有女同车，颜如舜华。将翱将翔，佩玉琼琚。彼美孟姜，洵美且都。

有女同行，颜如舜英。将翱将翔，佩玉将将。彼美孟姜，德音不忘。

自由阅读卡

有位姑娘和我在一辆车上，脸儿好像木槿花开放。跑啊跑啊似在飞翔，身佩着美玉晶莹闪亮。姜家大姐不寻常，真正美丽又漂亮。

有位姑娘与我一路同行，脸儿像木槿花水灵灵。跑啊跑啊似在飞翔，身上的玉佩叮当响不停。姜家大姐真多情，美好品德我常记心中。

知识拓展

舜英：又作舜华，木槿花。南朝梁刘勰《文心雕龙·情采》："吴锦好渝，舜英徒艳。"隋江总《南越木槿赋》："东方记乎夕死，郭璞赞以朝荣，潘文体其夏盛，嵇赋悯其秋零，此则京华之丽木，非于越之舜英。"

孟姜："齐之长女。"排行最大的称孟，姜则是齐国的国姓。后世孟姜也用作美女的通称。

品德高尚　风度娴雅

姜家的大姑娘，她的面颊像木槿花一样又红又白，她走起路来像鸟儿飞翔一样，十分轻盈。她的身上还佩戴着珍贵的环佩，行动起来环佩轻摇，发出悦耳的响声。她不但外貌美丽，而且品德高尚、风度娴雅。

探究活动

拿起眉笔来，我们来描眉吧。试着说说外貌美有什么作用。

淑女小贴士

黛眉潮流

即以一种青黑色如石的颜料"黛"画眉毛，使得女子眉目清晰、容貌秀丽。画眉之风早在周朝开始。从出土文物看来，在先秦时朝，画眉的式样虽然宽窄曲直略不同，但都以长眉为主。当时的妇女用红色的口脂点唇美化唇形，也就是将上、下唇仅仅涂成一小圆点，使嘴唇看来如同樱桃般娇小可爱，这种点唇方式风行中国历代。

黛 眉

蒹葭

蒹葭苍苍，白露为霜。所谓伊人，在水一方。

溯洄从之，道阻且长。溯游从之，宛在水中央。

蒹葭萋萋，白露未晞。所谓伊人，在水之湄。

溯洄从之，道阻且跻。溯游从之，宛在水中坻。

蒹葭采采，白露未已。所谓伊人，在水之涘。

溯洄从之，道阻且右。溯游从之，宛在水中沚。

自由阅读卡

河边芦苇青苍苍，秋深露水结成霜。意中之人在何处？就在河水那一方。

逆着流水去找她，道路险阻又太长。顺着流水去找她，仿佛在那水中央。

河边芦苇密又繁，清晨露水未曾干。意中之人在何处？就在河岸那一边。

逆着流水去找她，道路险阻攀登难。顺着流水去找她，仿佛就在水中滩。

河边芦苇密稠稠，早晨露水未全收。意中之人在何处？就在水边那一头。

逆着流水去找她，道路险阻曲难求。顺着流水去找她，仿佛就在水中洲。

蒹葭：一种植物，指芦荻、芦苇。蒹，没有长穗的芦苇；葭，初生的芦苇。芦苇是生长于沼泽、河沿、海滩等湿地的一种植物，遍布于全世界温带和热带地区。

沚：形声。从水，止声。本义指水中的小洲。

淑女名片

神秘高贵　朦胧飘逸

《蒹葭》中的伊人，更具朦胧、飘逸的美。在秋水迷蒙的清早，水天一色，茫茫芦苇在秋风吹拂下轻轻摇曳，伊人的倩影仿佛一会儿在岸边，一会儿在水中央，令男子"溯洄从之""溯游从之"，那神秘诱人的美令人为之心动。

隔岸观花，可以想象得更美，这就是距离产生的美。可远观而不可亵玩焉的美丽女子，只留给人们一个背影，恰似一幅中国画，给人留下无限回味的意境。蒹葭，《诗经》里最令人心动和心痛的草，离爱情那么近，仿佛触手可及，萦回在梦里，却又是灵魂不能轻易到达的尽善尽美的境界。远方的蒹葭、远方的佳人，让人内心泛起无限的憧憬和想象。

1. 远方的蒹葭、远方的佳人，试着给这位佳人写一封书信，倾诉你内心无限的憧憬和想象。

2. 学唱邓丽君版本和苏有朋版本的歌曲《在水一方》。

脂粉源流

早在公元前一千多年的商朝末期，已经有了美容品"燕支"，即今日的"胭脂"。当时是以燕地产的红兰花叶，捣成汁，凝做脂，用以饰面。使用化妆品最初是以宫廷内部为主，逐渐扩展到民间。形式从自产自用，逐步发展到集中生产的小作坊。我国历史上著名的化妆品作坊是扬州谢馥春与杭州孔凤春，都已有百余年的历史，它们也都是由采炼芳香物供应宫廷发展起来的，现在已经改建成现代化的化妆品厂。

胭脂水粉

桃 夭

桃之夭夭，灼灼其华。之子于归，宜其室家。

桃之夭夭，有蕡其实。之子于归，宜其家室。

桃之夭夭，其叶蓁蓁。之子于归，宜其家人。

（《书・禹贡》）；又如夭秀（秀丽）、夭桃秾李（茂盛艳丽的桃花、李花）。

之子于归：之，这；子，古代兼指儿女，在这里专指女性；于归，古代指女子出嫁，于，虚词，无实义；归，表示出嫁。归（歸）右边"帚"乃"妇"之省，指女子；左下"止"表示脚走路（如"步"上部）；左上为"阜"之省，表示山冈，整个字表意女子出远门。古时女孩待字闺中，只有出嫁才出远门，故"归"的本义是出嫁。文人用"于归"作为"嫁人"的替代语，在婚礼间或婚宴上表示对新人，特别是新娘子的祝福，可谓颇具文化品位。

宜字的演变：

美艳如花　人面桃花

《诗经》是我国第一部诗歌总集，开用花来比美人之先河。自此以后，用花特别是用桃花来比美人的层出不穷。"桃之夭夭，灼灼其华"塑造了一个像桃花一样鲜艳、像小桃树一样充满青春气息的少女形象，尤其是"灼灼"二字，给人以照眼欲明的感觉。写过《诗经通论》的清代学者姚际恒说，此诗"开千古词赋咏美人之祖"，并非过当的赞誉。

　　古代女子出嫁有哪些礼仪要注意呢？试着收集相关的资料做一下了解。

　　搜集生活中婚纱照片，展示新娘的服饰美。

淑女小贴士

关于婚嫁

　　"六礼"创制于西周，中国婚姻仪礼，包括纳采、问名、纳吉、纳征、请期、亲迎等六个步骤。第一步，"纳采"，即男方家请媒人到女方家去提亲，如女方家同意，男方家就得带上礼物去女方家求婚；第二步，"问名"，即男方家请媒人问女方的名字和生辰八字，到祖庙占卜吉凶，只有卜到吉兆，才能将婚姻进行到底；第三步，"纳吉"，即卜得吉兆后，男方家会请媒人通知女方家，同时送上礼物，正式缔结婚姻；第四步，"纳征"，即男方家送聘礼到女方家；第五步，"请期"，即男方和女方挑个良辰吉日作为婚期；第六步，"亲迎"，即在结婚的日子，新郎亲自到女方家接新娘子完婚。至此，婚姻关系正式确立。

论《诗经》中的女性形象

曹永清

《诗经》中女子品德的美体现在贤淑、执着、纯洁三个方面。

一是贤淑。"淑，善也"（孔颖达），有才德、善良之意。《邶风·燕燕》有"仲氏任只，其心塞渊。终温且惠，淑慎其身"之句，意思是仲氏为人真可靠，她的心地多厚道，既温柔又和蔼，谨慎又周到。《东门之池》有"彼美淑姬，可与晤歌""彼美淑姬，可与晤语""彼美淑姬，可与晤言"之句，表达了男子对美丽女子的赞美、怀念。所怀念、思慕的女子是具有美德的，也应该是善解人意的，否则怎么可以做男子精神上的知音呢？再如《氓》中的女子。在氓向她求婚以后，她非常重视，分手时把男子送了一程又一程。"送子涉淇，至于顿丘"，多么含情脉脉；"将子无怒，秋以为期"，又是多么婉转。这里显示出女子的忠厚、善良的品格和对爱情的纯真向往。分别以后，她又盼望氓的到来，当"既见复关"，则"载笑载言"，并要求"以尔车来，以我贿迁"。结婚以后，女子则天天早起晚睡，操持家务，并希望与丈夫白头偕老，同样显示该女子的纯真忠厚的品格。

二是执着。结婚以后，她们对家庭、丈夫充满痴情。如《王风·君子于役》勾画了思妇的一片痴情，通过"不知其期""不日不月""曷至哉""苟无饥渴"反映其对远征亲人的关心、忧虑及思念之情，接着以"鸡栖于埘，日之夕矣，羊牛下来。君子于役，如之何勿思"这种自然界的微妙变化来烘托自己凄凉、孤单的心境。日日月月，女主人公每天都在思念着、盼望着。

三是纯洁。《诗经》时代的人们依水而居，生产活动大都在河畔进行。男男女女在田野里、小溪畔劳作、游玩的时候，不经意间爱情之花就萌芽了。他们的爱情建立在劳动中，建立在两情相悦的基础上。随手掐的一根彤管、顺手捋的一把花椒、刚刚猎到的一头小野鹿，都可成为浪漫爱情的载体和幸福的寄托。"投我以木瓜，报之以琼琚。匪报也，永以为好也。"你送给我木瓜，我送给你佩玉，是回报吗？不，是为了我们的感情好呀！真是情深意长。木瓜是果实的代名词，琼琚则是男子佩带的玉佩，彼此一交换，就订下了终身。

在《诗经》中，男女爱情不是靠贵重的礼物来催生的，以女性为主体的爱情活动充满了真善美，是人们纯真本性的体现。她们的存在是对充满物欲、以金钱为婚姻先决条件的商品时代的讽刺，今天读起来，让人对先民爱情生活的向往。

探究活动

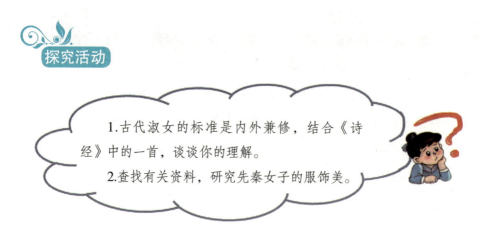

1.古代淑女的标准是内外兼修，结合《诗经》中的一首，谈谈你的理解。

2.查找有关资料，研究先秦女子的服饰美。

古代美女的标准

母系氏族社会时期，美女的标准是粗壮结实。在上古母系氏族社会，生殖和生产的标准就是美的标准。新石器时代，女神像的造型特点展现的就是粗壮结实。夏、商、西周、春秋战国时期，美女的标准是柔弱细腻。人们注重女性面部形象，男人提倡"柔弱顺从"的美女观念占了上风，士大夫盛行"精致细腻"的审美意识。

楚 歌 篇

　　"山有木兮木有枝"出自《越人歌》，是中国文学史上较早的明确歌颂贵族和劳动者缔结情谊的诗歌。《越人歌》和楚国其他的民间诗歌一起成为《楚辞》的艺术源头。屈原的《楚辞》中走出一个以鲜花草木为裳的仙女，好像来自神秘的天上，又似出于幽深的山谷。

山 鬼

若有人兮山之阿，

被薜荔兮带女萝。

既含睇兮又宜笑，

子慕予兮善窈窕。

乘赤豹兮从文狸，

辛夷车兮结桂旗。

被石兰兮带杜衡，

折芳馨兮遗所思。

好像有人在那山隈经过，

是我身披薜荔腰束女萝。

含情注视巧笑多么优美，

你会羡慕我的姿态婀娜。

驾乘赤豹后面跟着花狸，

辛夷木车桂花扎起彩旗。

是我身披石兰腰束杜衡，

折枝鲜花赠你聊表相思。

知识小卡片

  通过诗人对女巫装束的精妙描摹，读者便可知道楚人传说中的山鬼是怎样的倩丽。"若有人兮山之阿"是一个远镜头。诗人一个"若"字，状貌她在山隈间忽隐忽现的身影，开笔即给人以缥缈神奇之感。镜头拉近，便是一位身披薜荔、腰束女萝、清新鲜翠的女郎，那正是山林神女所独具的风采！此刻，她一双眼波正微微流转，蕴含着脉脉深情，嫣然一笑，齿白唇红，更使笑靥生辉！"既含睇兮又宜笑"，着力处只在描摹其眼神和笑意，却比《诗经·卫风·硕人》中"手如柔荑，肤如凝脂，领如蝤蛴"之类的铺排显得更轻灵传神。女巫如此装扮，本意在引得神灵附身，故接着便是一句"子（指神灵）慕予兮善窈窕"——我这样美好，可要把你羡慕死了，口吻也是按传说的山鬼性格设计的，开口便是不加掩饰的自夸自赞，一下显露了活泼、爽朗的意态。这是通过女巫的装扮和口吻为山鬼画像，应该说已极精妙了。诗人却还嫌气氛冷清了些，所以又将镜头推开，色彩浓烈地渲染她的车驾随从："乘赤豹兮从文狸，辛夷车兮结桂旗……"这真是一次堂皇、欢快的迎神之旅！火红的豹子、毛色斑斓的花狸，还有开着笔尖状花朵的辛夷、芬芳四溢的桂枝，诗人用它们充当迎接神女的车仗，既切合所迎神灵的环境、身份，又将她手燃花枝、笑吟吟前行的气氛映衬得格外欢快和热烈。

嫣然一笑　美目流盼

　　屈原《九歌》中形容湘夫人"美要眇兮宜修"——她美目流盼，笑似花开，诱人的资质连她自己都陶醉了。这种极具动态美的描写俨然源于《诗经·硕人》中"巧笑倩兮，美目盼兮"。《九歌》中对山鬼的塑造，除刻画其美丽的仪态容饰之外，诗人还将最打动人心的美女神形赋予了山鬼。"既含睇兮又宜笑，子慕予兮善窈窕"，前一句"含睇""宜笑"可说是化用了《硕人》中的"巧笑倩兮，美目盼兮"，而后一句"窈窕"则直接引用了《关雎》中"窈窕淑女，君子好逑"的"窈窕"。清姚际恒在《诗经通论》中指出，宋玉《神女赋》中"婉若游龙乘云翔"和曹植《洛神赋》中"翩若惊鸿""若将飞而未翔"等句显然都是滥觞于此。

　　1. 试着以《九歌》为剧本，编一个多幕剧并演一演。

　　2. 关于湘夫人，你还知道哪些和她有关的小故事呢？试着收集一些，交流交流。

笄

笄的用途除固定发髻外，也用来固定冠帽。古时的帽大都可以戴住头部，但冠小只能戴住发髻，所以戴冠必须用双笄从左右两侧插进发髻加以固定。固定冠帽的笄称为"衡笄"。周朝设"追师"一职对此进行管理。衡笄插进冠帽固定发髻之后，还要从左右两笄端用丝带拉到颌下拴住。从周朝起，女子年满十五岁便算成人，可以许嫁，谓之"及笄"。如果没有许嫁，到二十岁时也要举行笄礼，由一个妇人给及龄女子梳一个发髻，插上一支笄，礼后再取下。

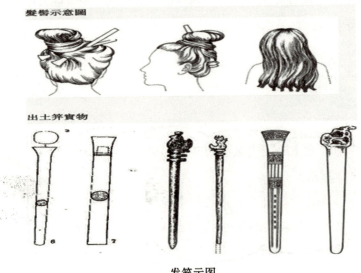

发笄示图

民 歌 篇

  人们把汉乐府的《孔雀东南飞》与《陌上桑》及唐代韦庄的《秦妇吟》并称为"乐府三绝"。

  刘兰芝和罗敷不仅有华美的容颜、奔放的热情，还有无以匹敌的智慧。她们对爱与自由的追求，更赋予了女性比《诗经》更进步的意义和新时代的内容，从而使中国女性从传统礼教的束缚，步履艰难地一步步走向了独立、自由、自尊、自爱。

孔雀东南飞

（节选）

　　十三能织素，十四学裁衣，十五弹箜篌，十六诵诗书。十七为君妇，心中常苦悲。君既为府吏，守节情不移，贱妾留空房，相见常日稀。

　　勿复重纷纭。往昔初阳岁，谢家来贵门。奉事循公姥，进止敢自专？昼夜勤作息，伶俜萦苦辛。谓言无罪过，供养卒大恩；仍更被驱遣，何言复来还！

　　鸡鸣外欲曙，新妇起严妆。著我绣夹裙，事事四五通。足下蹑丝履，头上玳瑁光。腰若流纨素，耳著明月珰。指如削葱根，口如含朱丹。纤纤作细步，精妙世无双。

　　阿女默无声，手巾掩口啼，泪落便如泻。移我琉璃榻，出置前窗下。左手持刀尺，右手执绫罗。朝成绣夹裙，晚成单罗衫。晻晻日欲暝，愁思出门啼。

（我）十三岁到十六岁能织精美的白绢，学会了裁剪衣裳、弹箜篌，能诵读诗书。十七岁做了你的妻子，心中常常感到痛苦的悲伤。你做了太守府的小官吏，遵守官府的规则，专心不移。我一个人留在空房里，我们见面的日子实在少得很。

不要再白费口舌了！记得那一年冬末，我辞别娘家嫁到你府上，侍奉时总是顺从婆婆的意旨，一举一动哪里敢自作主张呢？我白天黑夜勤恳地劳作，孤孤单单地受尽辛苦折磨，总以为没有过错，终身侍奉婆婆。（我）到底还是被赶走了，哪里还说得上再回到你家来？

鸡鸣啼了，外面天将亮了，我起床打扮得整整齐齐。穿上绣花夹裙，每穿戴一件衣饰，都要更换好几遍。脚下穿着丝鞋，头上戴（插）着闪闪发光的玳瑁首饰，腰上束着白绢子，光彩像水波一样流动，耳朵戴着用明月珠做的耳坠，手指纤细白嫩像削尖的葱根，嘴唇红润，像含着红色朱砂，轻盈地踏着细步，精巧美丽，真是世上没有第二个。

我默不作声，用手巾捂着嘴哭泣，眼泪淌下就像水一样倾泻。移动坐着的琉璃榻，搬出来放在前面窗子下。左手拿着剪刀和尺子，右手拿着绫罗绸缎（动手做衣裳）。早晨就做成了绣花的夹裙，晚上做成了单罗衫。阴沉沉地天快要黑了，我满怀悉思，走出门去痛哭。

知识小卡片

乐府双璧：古乐府民歌中最著名的两大代表作——《木兰诗》和《孔雀东南飞》的合称，是乐府诗中两颗璀璨的明珠。《木兰诗》又名《木兰辞》，是北朝民歌，而《孔雀东南飞》则是东汉时期的作品。

淑女名片

淑　勤　俭　敬　孝

《孔雀东南飞》所塑造的刘兰芝，是集《诗经》中各种美好品质为一身的女性形象。刘兰芝"十三能织素，十四学裁衣，十五弹箜篌，十六诵诗书"，颇有修养，能勤俭持家，对婆母、丈夫皆善待之。她为人沉静聪慧、宽容自恃，面对婆母的驱遣、丈夫的留恋、娘家兄长的势力、社会的险恶，她心如明镜，深有准备地应对这一切。这首诗着意表现了刘兰芝心地的善良美好，忠诚于爱情之纯真执着，计事之入情入理，料理事物之从容刚毅，全面展现了她的形象特质，在读者心理产生了强烈的共鸣。《孔雀东南飞》对《诗经》中"淑、勤、俭、敬、孝"等诸多特征的传承，是《诗经》文化积蕴的结果，形成了中华文化的精髓。

探究活动

1. 大家散开长发，互相梳理，比比谁盘出来的发髻更漂亮呢？给你的发髻起个名字吧。

2. 观看相关影视戏曲，谈谈你对刘兰芝的看法。

秦汉发髻

秦汉之际，在日常生活中，妇女一般的发髻式样大多比较朴素，以平髻为多，很少梳高髻，而且发髻上不加饰物。

汉朝妇女的发型以梳髻最为普遍，发髻的样式很多。综合各种古书的记载，当时有迎春髻、垂云髻、堕马髻、盘桓髻、百合髻、同心髻、三角髻、反绾髻等，名称相当多，其中受西域的影响较大。就整体来看，西汉时的发髻有三个特点：一是头发大多数是中分，且头顶部较平，不如东汉的发髻高；二是自头顶分好头线之后，再向后梳成总髻；三是脑后的发髻多为向下的走势。到了东汉，妇女的发髻有向上发展的趋势。当时有童谣说："城中好高髻，四方高一尺。城中好广眉，四方且半额。"这种崇尚高髻的风气一直延续到南北朝及唐朝。梳高髻必须拥有又多又长的浓密头发，若头发不够多，则必须使用假发。

陌 上 桑

日出东南隅，照我秦氏楼。秦氏有好女，自名为罗敷。

罗敷喜蚕桑，采桑城南隅。青丝为笼系，桂枝为笼钩。

头上倭堕髻，耳中明月珠。缃绮为下裙，紫绮为上襦。

行者见罗敷，下担捋髭须。少年见罗敷，脱帽著帩头。

耕者忘其犁，锄者忘其锄。来归相怨怒，但坐观罗敷。

使君从南来，五马立踟蹰。使君遣吏往，问是谁家姝。

"秦氏有好女，自名为罗敷。""罗敷年几何？"

"二十尚不足，十五颇有余。"使君谢罗敷："宁可共载不？"

罗敷前置辞："使君一何愚！使君自有妇，罗敷自有夫。"

"东方千余骑，夫婿居上头。何用识夫婿？

白马从骊驹；青丝系马尾，黄金络马头；腰中鹿卢剑，可值千万余。

十五府小吏，二十朝大夫，三十侍中郎，四十专城居。

为人洁白皙，鬑鬑颇有须；盈盈公府步，冉冉府中趋。

坐中数千人，皆言夫婿殊。"

太阳从东南方升起，照到秦家的楼房。秦家有位美丽的少女，自家取名叫罗敷。罗敷很会采桑养蚕，（有一天在）城南边采桑，用青丝做篮子上的络绳，用桂树枝做篮子上的提柄。她头上梳着倭堕髻，耳朵上戴着珠宝做的耳环；浅黄色有花纹的丝绸做成下裙，紫色的绫子做成上身短袄。走路的人看见罗敷，放下担子捋着胡子（注视她）。年轻人看见罗敷，脱掉帽子整理仪容。耕地的人忘记了自己在犁地，锄地的人忘记了自己在锄地。回来后，他们互相埋怨生气，只因为观看罗敷。

太守乘车从南边来了，拉车的五匹马停下来徘徊不前。太守派遣小吏过去，问这是谁家的美女。小吏回答："是秦家的美女，本名叫罗敷。"太守又问："罗敷年龄多大了？"小吏回答："二十岁还不足，十五岁略微有多。"太守令小吏问罗敷，"愿意一起坐车吗？"

罗敷上前回话："太守你多么愚蠢！太守你本来有妻子，罗敷我本来有丈夫。（丈夫当官）在东方，随从人马一千多，他排列在最前头。凭什么识别我丈夫呢？骑白马后面跟随小黑马的那个大官就是，用青丝拴着马尾，那马头上戴着金黄色的笼头；腰中佩着鹿卢剑，宝剑可以值成千上万钱。十五岁在太守府做小吏，二十岁在朝廷里做大夫，三十做皇上的侍中郎，四十岁成为一城之主。他长得皮肤洁白，疏朗朗略微长一点胡须；轻缓地在府中迈方步，从容地出入官府。（太守座中聚会时）在座的有几千人，都说我丈夫与众不同。"

知识小卡片

《陌上桑》是汉乐府民歌的名篇，是富有喜剧色彩的民间叙事诗。本诗一直以来被误解为太守调戏罗敷，而被罗敷义正词严地回绝，其实这是误读。这首诗是汉朝社会制度的一个缩影，太守作为地方最高长官，在春季时行所主县，劝民农桑，振救乏绝。从诗文中可以看出，罗敷显然是一个贵妇人形象，太守因其美貌而疏忽了礼节上的不合理，罗敷明确地指出，表现出高尚的操守和知礼节的美德。

淑女名片

勤劳勇敢　坚贞美丽　聪慧机敏　不畏权势

《陌上桑》是我国民歌中最早的一首叙事诗，是民歌中的一枝奇葩，也是一曲美丽的赞歌。《陌上桑》舍弃了具体的肖像描写，独辟蹊径，截取现实生活的一个横断面，调动多种艺术手段，或渲染烘托，或夸张，或铺陈，有实有虚地描绘了读者看得见、感受得到、想象得出的一种荣华无比、婀娜多姿、光彩照人、人人为之倾倒的美的典型。

探究活动

1. 青春期的你，如何婉言拒绝早恋呢？

2. 关于女性的自尊、自爱，你有何看法？说一说。

淑女小贴士

秦汉服饰

女装有作为礼服的深衣和日常之用的襦裙。深衣一改战国时期的肥大，转而形成瘦且窄的特点。裙裾长可及地，下摆一般呈喇叭状，行走时不会露出脚踝；衣袖有宽窄两种形式，袖口大多镶边；衣领部分很有特色，通常左右交叉，领口很低，可露出里衣。劳动女子总是上穿短襦，下着长裙，腰带长垂。秦汉时期以黑色为尊贵之色，衣饰也以黑色为时尚颜色。汉武帝时期开辟的"丝绸之路"将秦汉服饰推向了世界，悠久的中国服饰文化从此得以在世界各地传播。

秦汉服饰

才 女 篇

　　这是两位史书上留名，杰出的封建社会的优秀女性。

　　"零落成泥碾作尘，只有香如故。"明人陆时雍在《诗镜总论》中说："东京风格颓下，蔡文姬才气英英。读《胡笳吟》，可令惊蓬坐振，沙砾自飞，直是激烈人怀抱。"盛称她的资质与修为，是一个博学多才的好女子。她是蔡文姬。

　　尘烟如梦花事了。她的人格像她的作品一样令人崇敬。她既有巾帼之淑贤，更兼须眉之刚毅；既有常人愤世之感慨，又具崇高的爱国情怀。她不仅有卓越的才华、渊博的学识，而且有高远的理想、豪迈的抱负。她是李清照。

东方孤雁蔡文姬

悲愤诗

（节选）

有客从外来，闻之常欢喜。迎问其消息，辄复非乡里。邂逅徼时愿，骨肉来迎己。

己得自解免，当复弃儿子。天属缀人心，念别无会期。存亡永乖隔，不忍与之辞。

儿前抱我颈，问母欲何之。人言母当去，岂复有还时。阿母常仁恻，今何更不慈。

我尚未成人，奈何不顾思。见此崩五内，恍惚生狂痴。号泣手抚摩，当发复回疑。

兼有同时辈，相送告离别。慕我独得归，哀叫声摧裂。马为立踟蹰，车为不转辙。

观者皆嘘唏，行路亦呜咽。去去割情恋，遄征日遐迈。悠悠三千里，何时复交会。

自由阅读卡

《悲愤诗》始见于《后汉书》蔡琰本传中，是我国古代诗歌史上文人创作的第一首自传体的五言长篇叙事诗。诗歌真实再现了诗人在汉末社会动乱中的悲惨遭遇，是当时国家动乱和人民遭际的真实记录。诗人以"悲愤"为题，表现了对悲剧制造者的血泪控诉。

本篇节选自《悲愤诗》其一，是蔡文姬"别子"一段。诗歌感情真挚，深婉动人，读之令人泣下。儿子劝母亲留下的几句话，读之直锥人心。儿子质问："我尚未成人，奈何不顾思。"在每个母亲听来一定是五内俱焚，恍惚若痴。蔡文姬在去往两难的境地，其内心的煎熬又岂是我们能够切身体会到的？清人张玉谷评诗说："夫琰既失身，不忍别者岂止于子。子则其可明言而尤情至者，故特反复详言之。己之不忍别子说不尽，妙介入子之不忍别己，对面写得沉痛，而己之不忍别愈显矣，最为文章妙诀。"此言非常精准。除此，同辈送别的哀怨，与蔡文姬一起被掳在匈奴的其他人，她们羡慕蔡文姬能够重归故土，哀叹感伤，号啕不止。

这一节选有很强的艺术感染力，如描绘马不行走、车不掉头、观者目睹此景无不唏嘘垂泪的场面，衬托出自己的痛苦，更突显了诗人悲痛欲绝的心境。

知识小卡片

东方孤雁蔡文姬

蔡文姬，名琰，原字昭姬，晋时避司马昭讳，改字文姬，东汉末年陈留圉（今河南开封杞县）人，东汉大文学家蔡邕的女儿，是中国历史上著名的才女和文学家。代表作有《胡笳十八拍》《悲愤诗》等。

蔡文姬的父亲蔡邕是当时大名鼎鼎的文学家和书法家，还精于天文数理，妙解音律，是曹操的挚友和老师。生在这样的家庭，蔡文姬自小耳濡目染，既博学能文，又善诗赋，兼长辩才与音律。蔡文姬从小以班昭为偶像，也因此从小留心典籍、博览经史，并有志与父亲一起续修汉书，青史留名。可惜东汉末年社会动荡，蔡文姬被掳到了南匈奴，嫁给了虎背熊腰的匈奴左贤王，饱尝了异族、异乡、异俗生活的痛苦，却又生儿育女。十二年后，曹操统一北方，想到恩师蔡邕对自己的教诲，用重金赎回了蔡文姬。文姬归汉后，嫁给了董祀，并留下了动人心魄的《胡笳十八拍》和《悲愤诗》。《悲愤诗》是中国诗歌史上第一首自传体的五言长篇叙事诗。

蔡文姬的一生是悲苦的，"回归故土"与"母子团聚"都是美好的，人人应该享有，而她却不能两全。

蔡文姬才气非常。在与曹操的一次闲谈中，曹操表示出很羡慕蔡文姬家中原来的藏书。蔡文姬告诉他原来家中所藏的四千卷书，几经战乱，已全部遗失。曹操流露出深深的失望，当听到蔡文姬还能背出四百篇时，又大喜过望。蔡文姬凭记忆默写出四百篇文章，文无遗误，可见才情之高。曹操把蔡文姬接回来，为保存古代文化做了一件好事。历史上把"文姬归汉"传为美谈。

蔡琰擅长文学、音乐、书法。《后汉书·董祀妻传》说蔡琰"博学有才辩，又妙于音律。适河东卫仲道，夫亡无子，归宁于家。兴平中，天下丧乱，文姬为胡骑所获，没于南匈奴左贤王，在胡中十二年，生二子。曹操素与邕善，痛其无嗣，乃遣使者以金璧赎之，而重嫁于（董）祀。"

蔡文姬是一个悲剧人物，但正是因为她的愁怨，为我们还原了一段东汉末年的战乱史和普通女子的血泪史，读之断肠。

贤良淑德　文心聪慧

蔡文姬得益于父亲蔡邕的辛勤栽培，因而少通音律、温文尔雅、贤良淑德，乃女中才子。只可惜世事动荡、命途多舛，因为战乱而流落异乡。本以为异域生活便可了此一生，殊不知故人救助，虽然是喜，然而已为人母的蔡文姬要独身南归，母子分离，痛断肝肠。贤良淑德、文心聪慧的蔡文姬，是饱经战乱依然不改初心的奇女子。如此品德，值得歌颂。

探究活动

1. 唇彩颜色各有不同，搜集妈妈的唇彩，展示评价。

2. 试着给这首诗找到合适的音乐配乐，听一听、唱一唱。

淑女小贴士

秦汉女性妆容

汉朝时将书画用的墨加入麝香等香料，以毛笔妆眉。先秦、两汉时期，人们强调女性的内在美。宫女们服饰较朴素，流行"啼妆"。她们用米粉和铅粉加入香料制成糊状面脂敷在脸上，目的是为了增白。宫女们还喜欢用早晨的露珠来调粉，涂在脸上，能使皮肤柔嫩。

历代妇女唇妆样式图表		唐	
汉		宋	
魏		明	
唐		清	

历代妇女唇妆样式

一代词宗李清照

如梦令

常记溪亭日暮，沉醉不知归路。

兴尽晚回舟，误入藕花深处。

争渡，争渡，惊起一滩鸥鹭。

一剪梅

红藕香残玉簟秋。轻解罗裳，独上兰舟。

云中谁寄锦书来，雁字回时，月满西楼。

花自飘零水自流。一种相思，两处闲愁。

此情无计可消除，才下眉头，却上心头。

夏日绝句

生当作人杰，死亦为鬼雄。

至今思项羽，不肯过江东。

声声慢

寻寻觅觅，冷冷清清，凄凄惨惨戚戚。

乍暖还寒时候，最难将息。

三杯两盏淡酒，怎敌他，晚来风急？

雁过也，正伤心，却是旧时相识。

满地黄花堆积，憔悴损，如今有谁堪摘？

守着窗儿，独自怎生得黑？

梧桐更兼细雨，到黄昏，点点滴滴。

这次第，怎一个愁字了得！

自由阅读卡

李清照前期的词比较真实地反映了她的闺中生活和思想感情，题材集中于写自然风光和离别相思。虽多是描写寂寞的生活，抒发忧郁的感情，但从中可以看到她对大自然的热爱，也坦率地表露出她对美好爱情生活的追求。

南渡后，政治上的风险和个人生活的种种悲惨遭遇使她的精神很痛苦，因而她的词作一改早年的清丽、明快，而充满了凄凉、低沉之音，主要是抒发爱国怀乡和伤时念旧的情感。

一代词宗李清照

李清照（1084～1155），字易安，号易安居士，汉族，山东省济南章丘人。宋朝（南北宋之交）女词人，婉约词派代表，有"千古第一才女"之称。

李清照出身于书香门第。父亲李格非师从苏轼，是著名的经史学家；母亲王氏出身名门，也知书善文。李清照从小接受良好的文化教养，工书、能文、精通音律。她聪慧颖悟、才华过人，少年时代随父亲生活于汴京，优雅的生活环境，特别是京都的繁华景象，激发了李清照的创作热情。除了作诗之外，她开始在词坛上崭露头角，写出了为后世广为传诵的著名词章。

李清照十八岁嫁给门当户对的太学生赵明诚为妻。婚后的生活相当美满，二人志趣相投，能在一起读书，品诗论文，收集和鉴赏古籍、器物和金石刻等。赵明诚有一段时间外出游学，出仕为官，李清照便常常以诗词排遣寂寞，表达对丈夫的思念之情。1117年，在李清照的襄助下，赵明诚大体上完成了《金石录》的写作。1125年，金入侵宋朝，两年后北宋灭亡。从此，李清照的个人命运也随着国家命运的改变而改变。他们一家被迫南迁避难。1129年，赵明诚在赴官途中染病身亡，留下李清照孤苦伶仃一个人。

这期间，她不但承受着政治上的压力，而且大量书画、研墨被盗，孤独一身，各地漂泊，境况极其凄惨，尝尽了丧夫之痛、流离之苦和亡国之恨。身心憔悴的她嫁给了一个表面斯文的张汝舟。这个张汝舟对李清照百般示好无非是想占有她身边尚存的文物，李清照与他同床异梦。她知道，只有将张汝舟买官的事告倒治罪，自己才能脱离苦海。但依宋朝法律，女人告丈夫，无论对错输赢，都要坐牢两年。李清照是一个在感情生活上绝不凑合的人，她宁肯受皮肉之苦，也不受精神的奴役。一旦看穿对方的灵魂，她便表现出无情的鄙视和深切的懊悔。这场官司的结果是张汝舟被发配到柳州，李清照也随之入狱。虽只坐了九天牢便被释放了，但这件事在她心灵深处留下了重重的一道伤痕。1143

年左右，李清照将赵明诚遗作《金石录》校勘整理，表进于朝，完成了先夫的遗愿。十余年后，李清照怀着对死去亲人的绵绵思念和对故土难归的无限失望悄然辞世，享年七十有余。

婉约词宗　才力华瞻

李清照以心抗世、以笔唤天，凭着极高的艺术天赋将漫天愁绪抽丝剥茧般地进行了细细地纺织，化愁为美，创造了让人们永远享受无穷的词作珍品。李清照词的特殊魅力在于它一如作者的人品，于哀怨缠绵之中有执着坚韧的阳刚之气，虽为说愁，实为写真情大志，所以耐得百年千年地读下去。郑振铎在《中国文学史》中评价说："她是独创一格的，她是独立于一群词人之中的。她不受别的词人的什么影响，别的词人也似乎受不到她的影响。她是太高绝一时了，庸才作家是绝不能追得上的。无数的词人诗人写着无数的离情闺怨的诗词，他们一大半是代女主人翁立言的，这一切的诗词在李清照之前视如粪土似的无可评价。"李清照一生的故事和心底的怨愁转化为凄清的悲剧之美，她和她的词永远高悬在历史的星空。

探究活动

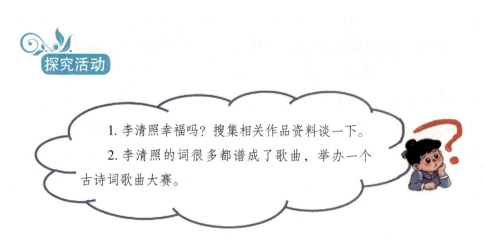

1. 李清照幸福吗？搜集相关作品资料谈一下。

2. 李清照的词很多都谱成了歌曲，举办一个古诗词歌曲大赛。

宋朝发式

宋朝妇女发式造型大致可分为高髻、低髻。高髻多为贵妇所梳，一般平民妇女则梳低髻。"朝天髻"需用假发掺杂在真发内。所以，在当时还出现了专卖假发的店铺。"同心髻"与"朝天髻"有类似之处，但较简单，梳时将头发向上梳至头顶部位，挽成一个圆型的发髻。北宋后期，妇女们除了仿契丹衣装外，又流行作束发垂胸的女真族发式，这种打扮称为"女真妆"。开始时流行于宫中，而后遍及全国。"同心髻"类似，发髻根系扎丝带，丝带垂下如流苏的"流苏髻"；"堕马髻""懒梳髻"通常是教坊中女伎于宴乐时所梳的一种发式；"包髻"是在发髻梳成之

宋朝发式

后，用有色的绢、缯之类的布帛将发髻包裹起来；"垂肩髻"顾名思义就是指发髻垂肩，属于低髻的一种。至于"丫髻""双鬟""螺髻"，则都是尚未出嫁的少女所梳的发式。

第二辑

水袖翻转的妙龄女郎

明无名氏《赠书记·家门始末》有云："年少书生，工容淑女，双双奇事堪夸。"

我国古代女子虽足不出户，但戏曲舞台上出现了一个个富有人性美的女性形象，折射出古代劳动人民美好的价值取向。正是这些流传久远的戏曲文化，滋养了一代代中华传统女性的审美观。

戏曲舞台上，

翩翩少年羽扇纶巾，

窈窕淑女琵琶遮面。

水袖飞，飘出了兰草芬芳；

兰花指，翘起了闺房少女的娇俏。

大 气 篇

"撞"花轿的两个新娘

《花为媒》和《锁麟囊》

淑女如果没有了大气，魅力就变成了俗气，贤淑通达就无从说起了。大气的淑女可以略施粉黛，也可以素面朝天；可以华衣美食，也可以箪食瓢浆；可以安居广厦，也可以寄居茅舍；可以颐指千军，也可以举案齐眉。

花 为 媒

（评剧）

淑女人物

张五可：敢爱敢恨、敢说敢言、风华绝代、冠压群芳。

贾俊英说张五可"热心肠、玲珑性、多情种、又聪明"，一点都不假。她以一段欢快的玫瑰调出场，活泼俏丽，对自己的婚姻有自己的主张。听说王俊卿拒绝婚姻，并且说她"心不灵、手不巧、貌丑无才、身段不苗条"，不由得怒从心起，拒见阮妈；对菱花镜子自作欣赏又对自己充满了自信，与阮妈下楼花园散心，还要整理衣装，也足见其端庄秀雅的大家闺秀之风。

聪明的五姑娘发现相亲端倪，借花泄愤，巧骂书生，这行径是一般待嫁闺中的小姐做不到的。张五可却凭借她的聪慧不仅泄了心头之愤，又借赏花表现自己比花娇艳羞涩多情的一面，以花为媒私订终身，可见其敢爱敢恨的一面。

新婚之日，得知李月娥抢先拜堂，她敢自闯洞房找王俊卿要个说法。见到端庄秀丽的李月娥，她心里充满了喜爱羡慕，偷偷打量夸赞的同时对自己也做了肯定，所以她的聪慧自信在那段"夸李月娥"里是可以体现出来的。尤其是《闹洞房》唱词，充分表现了面对竞争对手"美人爱美人"的大度和欣赏。通过这些细节的成功塑造，一个美丽、自信、大方、多情、追求美满婚姻、敢爱敢恨的张五可展现在观众面前，骨骼丰满，有血有肉。

淑女金句

"闹洞房"张五可唱词：

个头儿不高不矮，人家不胖又不瘦，模样长得好，面带忠厚。

她的性情温柔，巧手难描，画又画不就，生来的俏，行动风流，

行风流，动风流，行动怎么那么风流。

猜不透这位好姑娘是几世修。美天仙还要比她丑，嫦娥见她也害羞。

世界上这样的女子真是少有，这才是"窈窕淑女，君子好逑"。

自由阅读卡

王俊卿与表姐李月娥青梅竹马，两小情笃，长大以后，相誓永结百年之好。王母思孙心切，托阮妈为俊卿说亲。阮妈却为他说合了才貌出众的张五可。俊卿不从。王母几经诘问，俊卿吐露真情，非月娥不娶，决不移情他人。王母无奈，又托阮妈去月娥家说亲。月娥之父李茂林认为男女私情，有失大体，坚决不允婚事。俊卿得悉此情，病况日重。王母忧心如焚，阮妈献计，怂恿俊卿去张家花园相亲。她认为只要俊卿见到五可，定会喜爱五可，便可玉成此事。但俊卿病重，不能前往。阮妈又生一计，请其表弟贾俊英代为相亲。俊英与五可在花园会面，五可见他一表人才，举止潇洒，赠予定情信物红玫瑰一朵。俊英将红玫瑰转赠俊卿，俊卿坚拒不受。阮妈又向王母献策，不妨先将五

可娶来，俊卿势必就范。王母颔首，相约定期迎娶。月娥闻讯，不胜痛苦。月娥母深谙女儿心事，乘其父不在家中，采用冒名送女之计，抢先将月娥送到王家与俊卿拜堂成亲。待五可花轿到时，他们已经完婚。五可见状，怒不可遏。她大闹花堂，随即闯进洞房，见到了花容月貌的李月娥，严词质问俊卿，俊卿语塞。张五可发现站在一旁的贾俊英才是玫瑰所赠之人，于是有情人终成眷属。

知识小卡片

　　张五可在评剧中角色属于花旦。花旦多扮演性格直率、活泼正义、温柔善良等社会下层女子，以特殊的表演程式表现她们的生活或情感。评剧中花旦的角色都身着短衣裳，如短袄褂子、裤子、裙子等，但也有着长衣裳的。

淑女名片

自信大方　　独具魅力

　　中国传统礼教思想束缚下的淑女是不值得提倡的，因为它抹杀了女人应有的魅力和价值。我们今天所提倡的淑女是在传统美德基础上不失现代社会价值，新文明、新文化、新时代背景下的新女性。提倡做淑女，绝对不是"野蛮女友""作女"。这并不意味着复古倒退、不合时宜、束缚个性，而是使女人更具有个性、魅力和品位，恢复女性的本来面目。

　　自古"英雄惜英雄"，更应提倡"美人爱美人"。学会欣赏其他女性，正确审视自身的优点和美，用欣赏、赞美的眼光看待美好的女子，而不是小肚鸡肠、嫉妒、挖苦，甚至诽谤，这才是淑女最美好的品质。

探究活动

1. 你有自信吗？请你写几句歌词赞美一下自己独特的美。

2. 搜集你所知道的与张五可所报花名有关的诗词，并试将诗词融入张五可的唱词。

淑女小贴士

魏晋时期的妇女服装

此时期的服装以宽博为主，其特点为对襟、束腰、衣袖宽大，并在袖口、衣襟、下摆缀有不同色的缘饰，下着条纹间色裙，腰间用一块帛带系扎。当时妇女一般上身穿衫、襦，下身穿裙子，款式多上俭下丰，衣身部分紧身合体，袖筒肥大。裙多折裥裙，裙长曳地，下摆宽松，从而达到俊俏潇洒的美学效果。

锁 麟 囊

（京剧）

淑女人物

薛湘灵：富二代、小刁蛮、善良、解危济困。

薛湘灵到底是个什么样的女孩儿？她虽知书达理，却不温文尔雅，但有最质朴的真实与良善。她一直活得简单、快乐，没有城府，少于世故。生活的种种遭遇，即便有再多的感悟也无法完全扭转她与生俱来的那份单纯，正所谓"本性难移"。她就是一个成长在"蜜罐儿"里，既"呆萌"又正义的"富二代"！

头场"选奁"，即挑选嫁妆，就能感觉到这是个不好伺候的主儿。她的这种任性是天性使然，而非刻意刁难，更不是故意的"摆谱"，一切都那么熨帖自然。这个女孩子虽然任性，但心眼儿好。被善良的人用爱包裹着长大的人，应该是什么样的个性呢？第一，任性；第二，善良；第三，依赖。

第二辑 水袖翻转的妙龄女郎

难能可贵的是，她在春秋亭慷慨解囊，把自己的嫁妆全部赠送给贫家女子。薛湘灵是富家女，从小过着奢华的生活。她任性并追求完美，挑嫁鞋时甚至细致到了鞋尖上——她对绣花鞋图案的要求是"鸳鸯要两只，一只戏水的，一只会飞的"，而且鸳鸯"莫绣鞋尖上，提防走路磨"。然而，当在春秋亭中听到邻轿人啼哭时，她说："怜贫济困是人道，哪有个袖手旁观在壁上瞧？"这就是薛湘灵可爱的地方：她撑得起奢华的铺张，却又不失对底层人民的关心。当老仆打听出赵氏因贫困而哭后，轿中的薛湘灵把身边唯一能够拿到的嫁妆——那件据说能保佑她早降麟儿的锁麟囊连同里面的各式珠宝送给了赵守贞。薛湘灵是让人感动的，因为她对人生中偶然相遇、萍水相逢的人投注了情感，没有冷漠，也没有嘲讽，有的只是真情与关心。

"怜贫济困是人道"和"锁麟囊能保佑人早降麟儿"这些理论，薛湘灵选择相信前者而将锁麟囊赠出，就说明她善于思考并有独立判断的能力。这是她人格中的又一亮点，中国古代深锁香闺的小姐中，能做到这一点的并不多。

淑女金句

"春秋亭"一折

听薛良一语来相告，满腹骄矜顿雪消。

人情冷暖凭天造，谁能（何不）移动它半分毫。

我正富足她正少，她为饥寒我为娇。

分我一枝珊瑚宝，安她半世凤凰巢。

忙把梅香低声叫，莫把姓名信口晓。

这都是神话凭空造，自把珠玉夸富豪。

麟儿哪有神送到？积德才生玉树苗。

小小囊儿何足道，救她饥渴胜琼瑶。

锁麟囊就是绣有麒麟的"锦袋""荷包"。在我国古代山东一带，女儿出嫁上轿前，母亲要送一只绣有麒麟的荷包，里面装上珠宝首饰，希望女儿婚后早得贵子。这只荷包也叫"锁麟囊"，含麒麟送子之意，是古时候祈子的一种，含有吉祥之意。

登州富户薛氏门中之女薛湘灵许配周庭训。按当地习俗，嫁前薛老夫人赠女锁麟囊。结婚当日，花轿在中途遇雨，至春秋亭暂避；又来一花轿，轿中为贫女赵守贞。贫女赵氏也在当日出嫁，见湘灵排场，自怜卑贱，悲从中来，故而啼哭。湘灵遂隔帘让丫鬟以锁麟囊慷慨相赠，雨住分别时行善不留名。

六年后，湘灵因水灾与家人离散，流落他乡，衣食无着。无奈之下，只好入卢府为仆。一日，湘灵领小少爷在花园玩耍时，于东角阁楼上再见已被卢家供在神案上的锁麟囊，睹物思人，方知卢府女主人即是当年赠囊之贫女。最终在赵氏帮助下，湘灵一家得以团圆。两人结拜为异姓姐妹。

薛湘灵在京剧里的角色属于花旦。旦角还有几种身份，扮演深闺小姐的旦角是不穿短衣的，必须着长裙。青衣一般表示已婚妇女，要稳重守规矩，也穿长裙。老旦不穿短衣。一般穿短衣的是性格活泼的丫鬟、无拘无束的乡村女孩，或普通人家抛头露面的女孩，如《西厢记》里的红娘、《牡丹亭》里的春香，等等。

骄矜有度　仁爱大气　扶危济困

出门时的风和日丽，变成了春秋亭外暴风雨。贫与富同在一个屋檐下避雨，但是由于贫富差距现于眼前，贫富的对比让人分外伤怀。知道纵然是"新婚度鹊桥"，可世上并不是"尽富豪"，于是"分我一枝珊瑚宝，安她半世凤凰巢"，多么难得。富家女子也许不知生计艰难，可是心地是善良的，虽贵为千金，任性挑剔，但此刻却极尽惜弱怜贫，慷慨解囊，之前的刁蛮转为调皮，极为可爱。平等、博爱的主题跃然纸上，把一个千金小姐的锦心绣口表现得淋漓尽致。

骄矜有度、仁爱大气、扶危济困，永远是淑女最时尚的标签。

探究活动

1. 结合薛湘灵一开场的"刁钻挑剔"，说说你怎样看待现在大多女孩身上流行的"公主病"。

2. 女孩子要富养，富养的内涵是什么呢？

淑女小贴士

魏晋南北朝深衣

在魏晋南北朝的妇女中，仍有人着传统深衣，但形式与汉代早期有较明显的差异。魏晋南北朝深衣的特点主要集中在衣服的下摆部位，将下摆裁制成三角，上宽下尖，层层相叠，叫作"髾"。南北朝时，这种髾去掉了长可拽地的飘带，将尖角的"燕尾"大大加长，使两者合为一体。

忠 贞 篇

死了也要爱

《梁祝》和《牡丹亭》

爱情，这一人类永恒的主题，永远以不朽的生命力通过各种形式活跃于世间的每一个角落，震撼着人们的心灵。

《梁祝》中的祝英台与《牡丹亭》中的杜丽娘这两个大家闺秀为追求爱和婚姻的自由死而后已，在剧中大放异彩，用自己的行动为爱而战，表现了对爱情的忠贞。

梁 祝

（越剧）

淑女人物

祝英台：美丽大方、追求幸福、大胆叛逆。

出身富裕人家的祝英台不像其他女子一样，享受着家里的荣华富贵，而是不惜一切代价，争取到与男孩子一同读书受教育的机会，女扮男装去读书。

祝英台敢于大胆追求幸福。当她收到父亲之信不得不归去时，对山伯眷念之情油然而生："我与他同窗三载非寻常，情重如山深如海""老父有病盼儿归，我难舍知音梁山伯"。羞于女孩儿情面，她不便启口，于是大胆地请师母做媒："倒不如月老跟前订白头，拜托师母做大媒。"在男女婚配全凭媒妁之言、父母之命的封建社会，祝英台大胆地推销自己，煞是可爱。在十八里相送的路上，她反复暗示自己的女子身份："梁兄若是爱牡丹，与我一同把家还，我家有枝好牡丹，梁兄要摘也不难""梁兄啊，英台若是女红妆，梁兄愿不愿配鸳鸯""你我好比牛郎织女渡鹊桥"。在梁山伯终不能识破自己女儿身时，祝英台只好反复叮嘱："梁兄你花轿早来抬。我约你，七巧之时……我家来。临别依依难分开，心中想说千句话，望你梁兄早点来。"临去时，祝英台字字珠玑，情真意切，让人顿生怜惜。

祝英台具有大胆叛逆的个性，得知父亲祝公远将其许配给门当户对的马家时，坚决反抗。"女儿未曾依允""爹爹应念女儿长亭亲许""有师为媒、玉扇坠为聘、于礼无亏""要女儿嫁马家，实难从命"，表达自己的终身大事要由自己做主的强烈愿望。《楼台会》上，祝英台柔肠寸断，又一次表明对梁山伯的爱恋。

祝英台为争取自由、追求幸福，敢于以死抗争。梁山伯死后，祝英台悲痛欲绝："我与他在世不能夫妻配，死后也要同坟台。"灵堂内，她白衣素服表芳心。"一见梁兄魂魄消，不由我英台哭嚎啕。楼台一别成永诀，人世无缘同到老。"说到自己的终身大事，她万箭穿心。《逼嫁》场面中，祝英台坚决白衣绕道祭奠梁兄，再次表达"生前不能夫妻配，死后也要同坟台"的愿望。《祷墓化蝶》一出中，祝英台纵身跃入裂开的梁山伯墓中，殉情化蝶与山伯共舞。

淑女金句

梁山伯（唱）：贤弟替我来做媒，未知千金哪一位？

祝英台（唱）：就是我家小九妹，不知梁兄可喜爱？

梁山伯（唱）：九妹今年有几岁？

祝英台（唱）：她与我同年——乃是双胞胎。

梁山伯（唱）：九妹与你可相像？

祝英台（唱）：她品貌就像我英台。

梁山伯（唱）：未知仁伯肯不肯？

祝英台（唱）：家父属我选英才。

梁山伯（唱）：如此多谢贤弟来玉成。

自由阅读卡

化蝶双飞的凄美故事——梁山伯与祝英台

东晋时期，浙江上虞县祝家庄玉水河边，祝员外之女祝英台美丽聪颖，自幼随兄习诗文，慕班昭、蔡文姬的才学，恨家无良师，一心向往杭州访师求学。祝员外拒绝了女儿的请求。祝英台求学心切，伪装卖卜者，对祝员外说："按卦而断，还是让令爱出门的好。"祝父见女儿乔扮男装，一无破绽，为了不忍使她失望，只得勉强应允。祝英台女扮男装，远去杭州求学。途中，邂逅了赴杭求学的会稽（今绍兴）书生梁山伯，一见如故，相谈甚欢，在草桥亭上撮土为香，义结金兰。不一日，二人来到杭州城的万松书院，拜师入学。从此，同窗共读，形影不离。

二人同学三年，情深似海。祝英台深爱梁山伯，但梁山伯却始终不知她是女子，只念兄弟之情，并没有特别的感情。祝父思女，催归甚急。祝英台只得仓促回乡，依依不舍地与梁山伯分手。在十八里相送途中，祝英台不断借物抚意，暗示爱情。梁山伯忠厚纯朴，不解其故。祝英台无奈，谎称家中九妹品貌与己酷似，愿替山伯做媒。可是梁山伯家贫，未能如期而至。待梁山伯去祝家求婚时，岂知祝父已将祝英台许配给家住贸城（今鄞县）的太守之子马文才，美满姻缘已成泡影。二人楼台相会，泪眼相向，凄然而别。临别立下誓言：生不能同衾，死也要同穴！后梁山伯被朝廷诏为鄞县（今奉化县）令，因忧郁成疾，不久身亡，遗命葬贸城九龙墟。英祝台闻梁山伯噩耗，誓以身殉。祝英台被迫出嫁时，绕道去梁山伯墓前祭奠。在祝英台哀恸感应下，风雨雷电大作，坟墓爆裂，她翩然跃入坟中，墓复合拢，风停雨霁，彩虹高悬。二人化为蝴蝶，在人间蹁跹飞舞。

知识小卡片

祝英台在越剧中的角色属于花衫。花衫，饰演古代青年女子，既有大家风范和端庄大方的仪态，又有俏丽、活泼的举止。

淑女名片

忠贞不贰　热情坦诚

祝英台在追求爱情和自由婚姻的过程中，始终没有迷失自我。她追求爱情大胆炽烈，不仅让女性落泪，而且还赢得了全世界的同情与赞美。

真正的淑女，有一颗埋藏在学识、家境、仪态之下的赤子之心。无论生活优越或是艰辛，她们都能坚守自我，对爱发自内心的寄予热望。

1. "化蝶"是全剧的高潮，这种艺术表现手法有何妙处？

2. 现在有《梁祝》的小提琴协奏曲，也有歌曲，请大家各显神通，用不同乐器、歌曲、戏曲来演绎"化蝶"。

淑女小贴士

宋朝贵妇的便装

宋朝贵妇的便装时兴瘦、细、长，与以前各个时期都不太相同。衣着的配色也打破了唐朝以红、紫、绿、青为主的惯例，多采用各种间色——粉紫、黑紫、葱白、银灰、沉香色等，色调淡雅、文静，合理地运用了比较高级的中性灰色调。衣饰花纹也由比较规则的图案改成了写生的折枝纹，显得更加生动、活泼、自然。

一般平民女子，尤其是劳动妇女或婢仆等，仍然穿窄袖衫襦。只是比晚唐、五代时的更瘦、更长，颜色以白色为主，也有浅绛、浅青等。裙裤也比较瘦短，颜色以青、白色最为普遍。

牡 丹 亭

（昆剧）

淑女人物

杜丽娘：温顺、坚强、追求爱情、为情而死生。

杜丽娘生于名门宦族之家，从小就受到严格的封建教育。她曾经安于父亲替她安排的生活，性格稳重、矜持、温顺，这突出表现在"闺塾"一场。但是，生活上的束缚、单调也造成了她情绪上的苦闷，引起了她对现状的不满和怀疑。《诗经》中的爱情诗唤起了她青春的觉醒，她埋怨父亲在婚姻问题上太讲究门第，以致耽误了自己美好的青春。春天的明媚风光也刺激了她要求身心解放的强烈感情。终于，她在梦中接受了柳梦梅的爱情。

梦中获得的爱情加深了她对幸福生活的追求，她要把梦境变成现实，"寻梦"正是她反抗性格的进一步发展。作者用浪漫主义的手法成功地表现了理想与现实的矛盾——幻梦中的美景现实里难寻。正因梦境不可得、理想不能遂，杜丽娘牺牲了。作者并没有以杜丽娘的死来结束剧本，而以浪漫主义的手法描写杜丽娘在阴间向判官询问梦中的情人姓柳还是姓梅，她的游魂还和柳梦梅相会，继续以前梦中的美满生活。这时，杜丽娘已经完全不满足以游魂来和情人一起生活。她要求柳梦梅掘她的坟墓，让她复生。为情人而死去，也为情人而再生；为理想而牺牲，也为理想而复活。她又回到了现实世界，到底和柳梦梅成就了婚姻。

淑女金句

原来姹紫嫣红开遍，
似这般都付与断井颓垣。
良辰美景奈何天，
赏心乐事谁家院？
朝飞暮卷，云霞翠轩，
雨丝风片，烟波画船。
锦屏人忒看得这韶光贱！

自由阅读卡

死了都要爱的故事——昆剧《牡丹亭》

贫寒书生柳梦梅梦见在一座花园的梅树下立着一位佳人，说同他有姻缘之分，从此经常思念她。南安太守杜宝之女名丽娘，才貌端妍，从师陈最良读书。她由《诗经·关雎》而伤春、寻春，从花园回来后在昏昏睡梦中见一书生持半枝垂柳前来求爱，在牡丹亭畔与其幽会。杜丽娘从此愁闷消瘦，一病不起，弥留之际要求母亲把她葬在花园的梅树下，并嘱咐丫鬟春香将其自画像藏在太湖石底。其父升任淮阳安抚使，委托陈最良葬女并修建"梅花庵观"。三年后，柳梦梅赴京应试，借宿梅花庵观中，在太湖石下拾得杜丽娘画像，发现杜丽娘就是他梦中见到的佳人。杜丽娘魂游后园，和柳梦梅再度幽会。柳梦梅掘墓开棺，杜丽娘起死回生，两人结为夫妻，前往临安。杜丽娘的老师陈最良看到杜丽娘的坟墓被掘，告发柳梦梅盗墓之罪。柳梦梅在临安应试后，受杜丽娘之托，送家信传报还魂喜讯，结果被杜宝囚禁。发榜后，柳梦梅由阶下囚一变而为状元。杜宝拒不承认女儿的婚事，强迫她离异。纠纷闹到皇帝面前，杜丽娘和柳梦梅二人终成眷属。

杜丽娘追求爱情大胆而坚定、缠绵而执着，由唯唯诺诺的官宦之家的千金小姐，发展到勇于决裂、敢于献身的深情女郎。这是杜丽娘性格的第一度发展，发展是如此得迅捷，升华得如此强烈。梦醒之后与现实的距离和反差又是如此之巨大，以致杜丽娘不得不燃尽生命的全部能量，病死于寻梦觅爱的徒然渴望之中。杜丽娘的可贵之处在于不仅能为情而死，还在死后面对阎罗王能据理力争，身为鬼魂而对情人柳梦梅一往情深，以身相慰，最终历尽艰阻为情而复生，与柳梦梅在十分简陋的仪式下称意成婚。这是杜丽娘性格的第二度发展与升华，所谓"一灵咬住"，决不放松，"生生死死为情多"。杜丽娘性格的第三度发展表现在对历经劫难、终得团圆之胜利成果的保护与捍卫。面对父亲再三弹压她的状元夫君，回应父亲在金銮殿上指着嫡亲女儿"愿吾皇向金阶一打，立见妖魔"的狠心，杜丽娘在朝堂之上时而情深一叙，时而慷慨陈词，把一部为情而死生的追求史演述得那般动人，就连皇上也为之感动，甚至亲自主婚，"敕赐团圆"。这正是社会对生死之恋与浪漫婚姻的承认与礼赞。

知识小卡片

杜丽娘在昆剧里的角色属于闺门旦。闺门旦，又称小旦，顾名思义特指扮演未出嫁的闺阁少女。这类角色大多性格内向、腼腆。

执着　端庄温顺　稳重矜持　大胆坚定

真正的淑女坚持不懈地追求"真与美"。杜丽娘如此坚定地奉献出全部的感情，甚至生命，虽九死而不悔。那种执着，与其说是对爱人，不如说对生命的讴歌，与之生死相系的恐怕并非认定的良人，而是发自肺腑的一腔真情。因为惊才绝艳，所以难以自弃；因为全情付出，所以难以割舍。

唯有真正的爱才可以将这种相恋的欢乐提升到华美的境界，甚至能超越生死。相思莫相负。只要有此深情，生生世世都可以获得知心爱人。

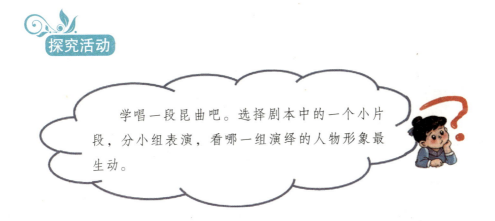
探究活动

学唱一段昆曲吧。选择剧本中的一个小片段，分小组表演，看哪一组演绎的人物形象最生动。

元朝妇女服装

元朝妇女服装分贵族和平民两种。贵族多为蒙古人，以皮衣、皮帽为民族装，材料多为貂鼠皮和羊皮，款式多为宽大的袍式，衣袖形似灯笼，袖口窄小，袖身宽肥。这种袍式肩部装饰十分华美，面料质地十分考究，采用云锦、茸类及毛毡织物，颜色多为红色。一般的平民妇女多穿黑色的袍子。

智勇篇

女扮男装为哪般

《花木兰》和《女驸马》

　　她们女扮男装，或智救元帅，或考取状元，是智慧和勇敢的化身。如果说豫剧中替父从军的花木兰展现了女人的勇气和担当，那么黄梅戏中的女驸马冯素珍则向我们展示了女性的侠骨和柔情。

花 木 兰

（豫 剧）

淑女人物

　　花木兰：女扮男装、替父从军、战场杀敌、辞官不受。

　　花木兰的形象在中国家喻户晓。她女扮男装、替父从军、战场杀敌、辞官不受、载誉归家的故事呈现出孝、忠、勇和淡泊名利的思想。

　　在封建时代，女子是男子的附庸，没有独立的人格，更没有做英雄豪杰的权利。然而，花木兰却以自己的英雄事迹，对这种男尊女卑的封建统治观念做了一次猛烈地冲击。她告诉人们，女子完全有能力像男子一样做出英雄的事业。

花木兰经典唱词：

刘大哥讲（啊）话理太偏，

谁说女子享清闲。

男子打仗到边关，

女子纺织在家园。

白天去种地，

夜晚来纺棉，

不分昼夜辛勤把活干，

将士们才能有这吃和穿。

你要不相信（哪）请往这身上看，

咱们的鞋和袜，

还有衣和衫，

千针万线可都是她们连哪！

有许多女英雄，

也把功劳建，

为国杀敌是代代出英贤，

这女子们哪一点儿不如儿男。

自由阅读卡

替父从军的老故事——豫剧《花木兰》

北朝时番邦犯境，边关告急，贺廷玉将军战败，下令召集乡勇。花木兰的父亲花弧也被列入征兵军帖。花木兰接到地保送来的军贴后甚是着急，因为老父亲体弱多病，弟弟花木隶年纪尚幼。她思之再三，决定女扮男装，冒弟弟花木隶的名义替父从军。此决定遭到父母的极力反对。但军令难违，花木兰分析了家中情况并通过与花父比武，最终赢得了父母的同意。木兰女扮男装，辞别双亲，快马加鞭地奔赴边关。途中，她还结识了几个应征入伍的战士相伴同行。在同行路上，有的战士心生顾虑，木兰动之以情晓之以理的劝说打消了战士的消极情绪，共赴前线。

在接近前线时，他们忽闻战鼓齐鸣，杀声震天，突力子等夹战魏军贺元帅。花木兰一马当先，杀退敌人，从突力子手中解救了贺元帅。从此，她便得到贺元帅的赏识。十二年过去，身经百战的花木兰已晋升为将军。在一次夜晚巡营时，她忽听群鸟飞鸣，料想必定是有敌兵前来偷袭，惊起宿鸟。于是便禀告了贺元帅，建议四面埋伏，智擒敌军。果然，敌军中计，突力子被擒。贺元帅决定向朝廷启奏封木兰官爵，并愿把爱女许其为妻。花木兰不图官位，更不能与元帅之女成婚，只请求元帅赐其千里马，回家乡探望爹娘。

花木兰返回家中，脱去战时袍，换上旧衣裳。这时，贺元帅率领众将抬着礼物亲临花家，请见花木兰将军。花木兰走出闺房，贺元帅一见惊讶不已。于是，花木兰细细阐述了替父从军的经历，贺元帅盛赞其不愧是一位巾帼英雄。

淑女名片

忠孝两全　刚柔相济　淡泊名利

花木兰以女性的智慧和英勇成功地击败匈奴单于，救出元帅，赢得了人们的尊重和喜爱。古代推崇"女子无才便是德"，但现在看来，男子可以在持儒雅风度的同时建立自己的事业，女子为何不可仪态万方地赢得自己的一片天地？

淑女绝不是那种被人欺负不敢声张、有理不敢出声、外表柔弱内心懦弱的女子。真正的淑女会在关键时刻有担当、有责任、进退有度，保持一颗纯

洁、淡泊名利的女儿心。

1. 我们来乔装打扮，画个戏妆，走个台步，体会一下"女儿身"的花木兰从军前后的变化。

2. 莎士比亚说："女人啊，你的名字叫弱者。"谈谈你的看法。

淑女小贴士

明朝的妇女服装

明朝妇女的裙式变化比较多，是一种流行的服饰。她们下裳多穿裙，穿裤的少见，其中用绸缎裁剪成大小规则的条子，每条都绣以花鸟图案，另在两畔镶以金线，碎逗成裙，即为"凤尾裙"。更有用整缎折以细裥的，为"百裥裙"。一般女子时兴窄袖的衫襦、背子、长裙等。贵族妇女的服装规定用真红、鸦青和黄色，而一般女子只能用紫绿、桃红和浅色。

女 驸 马

（黄梅戏）

淑女人物

冯素珍：忠贞不渝、机智、沉着。

女驸马冯素珍是中国古代痴情女子的典型代表。李兆廷本是富家子弟，但长大后家道败落。冯素珍的父母嫌贫爱富，不答应这门婚事并陷害李兆廷入狱。冯素珍却依旧对爱情忠贞不渝，面对霸道的父亲和自私蛮横的继母的逼迫，一个柔弱女子发出了"我不依来我不从，海枯石烂、天崩地裂，我也不依从""要我背叛李兆廷，除非是海枯龙显身"的强烈抗议，为救李兆廷毅然离家，踏上了生死未卜的救夫之路。

除了对爱情的专一和痴情，提起冯素珍，我们不得不敬佩她的机智勇敢。在封建社会"男尊女卑"的时代，科举是将女性排除在外的，而这种全国性的统一考试三年一次，难度相当大。冯素珍为了挽救自己的婚姻，毅然参加了天下第一大考，竟一举通过并经皇上殿试钦点为新科状元。由此可见，她是一个才华横溢、能力非凡、聪颖过人的奇女子。

此外，"洞房化险"的情节更体现了冯素珍的机智与沉着。当公主恨她"误我终身"时，冯素珍智慧超群："误你终身不是我，当今皇帝你父亲。不是君王传圣旨，不是刘大人做媒人，素珍纵有天大胆，也不敢冒昧进宫门。"她把矛盾的焦点聚集到公主的父亲——至高无上的皇帝身上，道出了自己的无奈，巧妙地化解了公主对自己的恨意，得到了公主的同情。她又以王三姐、刘翠屏、祝英台的"民间女子痛苦情"自比，换取了"也是闺中女"的公主的怜悯，甚至产生了女性的共鸣。于是，这对假鸳鸯成了真同盟。

在"金殿"之上，冯素珍与公主一起，用故事的形式将真相告诉了皇帝，巧妙地让她无罪赦免，并收为义女。既顾全了皇家的体面，又收获了自身的美好婚姻，其智勇可见一斑。

淑女金句

为救李郎离家园，谁料皇榜中状元，
中状元，着红袍，帽插宫花好新鲜！
我也曾赴过琼林宴，我也曾打马御街前，
人人夸我潘安貌，原来纱帽罩婵娟！
我考状元不为把名显，
我考状元不为做高官，
为了多情的李公子，
夫妻恩爱花好月儿圆。

喜中状元、化险为夷的故事

黄梅戏《女驸马》说的是湖北襄阳道台之女冯素珍冒死救夫，经历了种种曲折，终于如愿以偿，成就美满姻缘的故事。这部极富传奇色彩的古装戏，至今广为流传。

民女冯素珍自幼许配李兆廷，后李家败落，李兆廷投亲冯府，冯父冯母嫌贫爱富，逼其退婚。冯素珍花园赠银于李兆廷，冯父撞见，诬李为盗，将其送官入狱，逼冯素珍另嫁宰相刘文举之子。冯素珍男装出逃，在京冒李兆廷之名应试中魁，被皇家强招为驸马。花烛之夜，冯素珍冒死陈词，感动公主。在公主的帮助下，皇帝收冯素珍为义女，又释李兆廷，并招冯素珍之兄——前科状元冯益民为驸马。两对新人同结秦晋。

该剧通过女扮男装冒名赶考、喜中状元、误招东床驸马、洞房献智化险为夷等一系列近乎离奇却又在情理之中的戏剧情节，塑造了一个个性格鲜明、有血有肉的舞台艺术形象。

知识小卡片

冯素珍在黄梅戏中的角色属于花旦。花旦，相当于电视剧的女一号，多扮演活泼、多情的少女或少妇，要求唱做并重，念白多用安庆官话，声调脆嫩甜美，表演时常执手帕之类，舞动简单的巾帕花。

淑女名片

痴情忠贞 机智勇敢 才华横溢 聪颖过人

智慧是人生不可或缺的养分，智慧之于男人是睿智与深邃；智慧之于女人则是博爱与仁心，是充满自信的干练，是情感的丰盈与独立，是不苛刻的审度万物，更是懂得在得到与失去之间慧心的平衡。智慧的女人周身散透出超然的气质，并从人群中脱颖而出。冯素珍就是这样的智慧女子，聪颖、多情、智慧、美丽，可以为爱人撑起半边天。

1. 冯素珍是那个时代里一个与众不同的女性形象，至今看来仍让人倾慕不已。请你为冯素珍写一段颁奖词。

2. 结合之前了解过的祝英台、花木兰，再加上冯素珍，你怎样看待古代女子的"女扮男装"？

清朝女装

汉、满族发展情况不一。汉族妇女在康熙、雍正时期还保留明朝款式，时兴小袖衣和长裙；乾隆以后，衣服渐肥渐短，袖口日宽，再加云肩，花样翻新无可底止；到晚清时，都市妇女已去裙着裤，衣上镶花边、滚牙子，一衣之贵大都花在这上面。满族妇女着旗装，梳旗髻（俗称两把头），穿"花盆底"旗鞋。

淑女，或梨花带雨般婉约，或风韵丹姿般娇美，或如水一般柔情，或皎若秋月般妩媚……尤其将淑女与战乱不息、烽烟四起的历史时期并为一谈时，更加让人浮想如云、思绪不断。

在新旧交替的时代，有这样一批优秀且卓尔不群的女子。佳人才子，更是令人魂牵梦绕的韵味所在。

一个故事里的三个丽人

你是否想过，自己想要一个怎样的人生？

你是否期冀过，十年之后你会是什么品味的女人？

这一部分从影响了徐志摩一生的三个女人——张幼仪、林徽因和陆小曼写起，挖掘她们背后鲜为人知的故事，解读不一样的才女人生。

贤良淑德张幼仪

遗弃使她成长

徐志摩的原配夫人张幼仪说，徐志摩第一次见到她的照片时，把嘴角往下一撇，用充满鄙夷的口吻说："乡下土包子！"自她嫁入徐家，徐志摩从没有正眼看过她。

张幼仪出生在上海宝山的一个大户人家。徐志摩嫌她土气，应该不是从出身、地位等现实条件来说的，而是一个受西方教育和现代思潮影响的年轻人，对没有见识、没有自我的传统女性难以认同。1921年，徐志摩要求与张幼仪离婚。1922年，张幼仪于柏林产下次子，并与徐志摩正式离婚。这是中国历史上依据《民法》的第一桩西式文明离婚案。没有吵闹、没有纠缠，张幼仪是明智的，在徐志摩对她没有了爱情的时候，选择了平静地离开。

签好离婚协议后，徐志摩跟着她去医院看了小彼得。"把脸贴在窗玻璃上，看得神魂颠倒。""他始终没问我要怎么养他，他要怎么活下去"。

无论徐志摩还是张幼仪，在海外求学一直都是靠徐志摩父亲的汇款生活。徐志摩和张幼仪协议离婚后，徐家仍视张幼仪为自家人，徐父每月都给张幼仪寄200美元。战后德国，马克贬值，一美元就能买很多食品，200美元能过上不错的日子。

张幼仪雇了保姆，自己学习德文，并进入裴斯塔洛齐学院，专攻幼儿教育。1925年，彼得3岁时死于腹膜炎。

徐志摩在彼得死后一周抵达柏林，这是他们离婚后第一次见面。当时，徐志摩已经开始热烈地追求陆小曼。徐志摩神采奕奕，而丧子后的张幼仪瘦小憔悴，她赢得了徐志摩的尊敬。在写给陆小曼的信中，徐志摩说："C（张幼仪）是个有志气、有胆量的女子，她现在什么都不怕。"

1926年，张幼仪回国。在东吴大学做了一阵子德文教师后，1927年她开始担任女子商业储蓄银行副总裁、云裳时装公司总经理。每天上午9点整，她到办公室，这种分秒不差的习惯是从德国学来的。下午5点整，会有教师到公司来给她补习一个小时的国文。下午6点整，她再到云裳时装公司打理财务。张幼仪很有经商的头脑，在股市里赚了不少钱，并在自己的住房旁给公婆盖了幢房子。战争期间，她囤积军服染料，价格翻了100倍才出手。张幼仪承认，和徐志摩的离婚使她脱胎换骨，找到了自我："在去德国之前，我什么都怕；在德国之后，我无所畏惧。"

1996年，张幼仪的侄孙女张邦梅在美国出版了张幼仪的口述自传《小脚与西服》，畅销一时。时值台湾女权运动的高潮，张幼仪被演绎为女性解放的典范。她的自立、自强、从不幸中寻找自我的经历，让很多当代女性感到扬眉吐气。一个精明、干练、勇敢而没有诗意的女子和一个浪漫、天真、热情、毫无心机的诗人，注定走不到一起。

淑女金句

1. 我不是有魅力的女人，不像别的女人那样。我做人严肃，因为我是苦过来的。

2. 人生从来都靠自己成全。

3. 我不像你，你的勇敢是天生的。

4. 我的万水千山，不是你要的翘首以盼。

淑女名片

大气量　善为人　才华横溢　人干练

张幼仪出身名门世家，是名副其实的大家闺秀，具有中国传统淑女的美德。她知书识礼，克己本分，贤淑稳重，朴实干练，她料理家务，相夫教子，孝顺公婆，打理财务都甚为得力。她的气度、才干和为人就是淑女的本来面目。

探究活动

守擂方：张幼仪

攻擂方：林徽因

请从个人才华、为人处世、个人优势、徐志摩说、世人说、我的见解，辩论女性美德内涵。

淑女小贴士

旗 袍

19世纪20年代后，由于受欧美服装的影响，旗袍衣身缩短，腰身紧收并缀以肩缝，比起以前变得妩媚精致，更加舒适合体，衬托出女性美。19世纪30年代后，旗袍进入全盛期，不断创新变化。总体而言，旗袍的衣领紧扣、曲线鲜明，加以斜襟的韵律，突出了东方女性端庄、典雅、沉静、含蓄之美，享有"国服"之誉。

风华绝代林徽因

林徽因的一生

林徽因与建筑

1924年，林徽因和梁思成都选择了宾夕法尼亚州立大学建筑系。因为当时的宾大建筑系不招女生，林徽因改入该校美术学院，但主修的还是建筑，先后出版了多部建筑学著作。

林徽因与文学

在文学方面，她一生著述甚多，主要有《你是人间四月天》《谁爱这不息的变幻》《笑》《清原》《一天》《激昂》《昼梦》《瞑想》等诗篇几十首；话剧《梅真同他们》；短篇小说《窘》《九十九度中》等；散文《窗子以外》《一片阳光》等。

在当时，知识分子是社会少数的精神贵族，像林徽因这样受过良好教育又才貌出众的女子更是凤毛麟角。她承认，自己是受双文化教育长大的，英语对于她是一种内在思维和表达方式、一种灵感、一个完整的文化世界。中西文化的融合造就了一个"文化林徽因"。她是诗人，一生写过几十首诗，在诗歌创作上受徐志摩的影响很明显，但又有自己的特点。

林徽因的感情

林徽因的感情世界里有三个男人：一个是建筑大师梁思成，一个是诗人徐志摩，一个是学界泰斗、为她终身不娶的金岳霖。

16岁的林徽因游历欧洲，在英国期间，结识了当时正在此地游学的徐志摩。当时，徐志摩已是一个两岁孩子的父亲。林徽因深爱着徐志摩，但徐志摩的妻子——张幼仪的影子在她心中总是挥之不去。之后，林徽因经过一番理性的考虑，嫁给著名学者梁启超的儿子梁思成。1928年，林徽因与梁思成在渥太华梁思成姐夫任总领事的中国总领事馆举行婚礼。婚后，梁对林呵护倍至，夫妻二人致力于他们所热爱的建筑事业。林徽因不仅具有诗人的美感与想象力，也具有科学家细致和踏实的精神。他们在山西对古建筑所做的调查和实测工作，不仅对科学研究贡献巨大，也使山西众多埋没在荒野中的国宝级古代建筑走向世界，为世人所知。

金岳霖，哲学家、逻辑学家，1914年毕业于清华大学，后留学美国、英国，又游学欧洲诸国，回国后主要执教于清华和北大。他终生未娶，一直恋着林徽因。林徽因、梁思成夫妇家里几乎每周都有沙龙聚会，金岳霖始终是梁家沙龙的座上常客。他们文化背景相同，志趣相投，交情也深，长期以来一直是毗邻而居。金岳霖对林徽因人品才华赞美至极，十分呵护，林徽因对他亦十分钦佩敬爱，他们之间的心灵沟通可谓非同一般。甚至梁思成林徽因吵架，也是找理性冷静的金岳霖仲裁。金岳霖自始至终都以最高的理智驾驭自己的感情，爱了林徽因一生。

你是人间的四月天

我说你是人间的四月天；

笑响点亮了四面风；

轻灵在春的光艳中交舞着变。

你是四月早天里的云烟，

黄昏吹着风的软，

星子在无意中闪，

细雨点洒在花前。

那轻，那娉婷，你是，

鲜妍百花的冠冕你戴着，

你是天真，庄严，

你是夜夜的月圆。

雪化后那片鹅黄，你像；

新鲜初放芽的绿，你是；

柔嫩喜悦，

水光浮动着你梦期待中白莲。

你是一树一树的花开，

是燕在梁间呢喃，

——你是爱，是暖，是希望，

你是人间的四月天！

淑女金句

1. 有人说，爱上一座城，是因为城中住着某个喜欢的人。其实不然，爱上一座城，也许是为城里的一道生动风景、一段青梅往事、一座熟悉老宅，或许仅仅为的只是这座城。就像爱上一个人，有时候不需要任何理由，没有前因，无关风月，只是爱了。

2. 流年真的似水，一去不返。看过的风景也许还可以重来，而逝去的人却再也不会回头。任由你千思万想，他除了偶然在你梦中彷徨，其余的时间都只是恍惚的印象。

3. 我们都知道，姹紫嫣红的春光固然赏心悦目，却也抵不过四季流转，该开幕时总会开幕，该散场终要散场。但我们的心灵可以栽种一株菩提，四季长青。

4. 等待一场姹紫嫣红的花事，是幸福；在阳光下和喜欢的人一起筑梦，是幸福；守着一段冷暖交织的光阴慢慢变老，亦是幸福。

淑女名片

坚持　独立　自由　才气

有人说淑女不因年华逝去而消失，她宛如深深的烙印刻在人们的心中。"腹有诗书气自华"，有一种年轻、向上的心，在生活中从不放弃那一份从容、优雅与闲适，热爱生活，因此而明媚。纵观林徽因的一生，温柔中带着坚韧，失意中敢于面对现实，如淡雅的白莲，清澈而美丽。由此可见，林徽因堪称淑女的典范。坚持、独立、自由、才气，永远都是淑女最时尚的标签。

探究活动

搜集林徽因的老照片，配上介绍文字，向大家介绍一下不同时期的林徽因以及她的成就。全班进行一次图片展，感受人物的外貌美和心灵美。

淑女小贴士

袄裙

民国初年衣裙上下配用的一种女子衣服样式。辛亥革命后，人们的常服受西式服装的影响较大，近代服装西化已成趋势。当时，广大妇女从缠足等陋习的束缚中解放出来，时装表演、演艺界明星的奇异服饰便起到了推波助澜的作用。上衣下裙的袄裙穿衣方式在这种环境下产生出来。其上衣一般仍为襟式，包括大襟、直襟、右斜襟等，下摆有半圆、直角等形，衣袖、衣领也依穿着习惯各异；下裙近似现代褶裙，裙的长短也不一样。袄裙形式为其后的套装形式打下了基础。

袄裙

才貌双全陆小曼

烟火人生　活出真我

19岁那年，陆小曼嫁给了陆军上校王庚。王庚时常不在家，根本就没有时间陪她，她只有去百乐门被众人簇拥着才觉得快乐。一个人在家的时候，她就画画，这时候绘画只是她生活中的一种消遣。陆小曼的名气在交际圈里越来越大。当时有俗语云"南唐北陆"，"南唐"指的是上海的大美人唐瑛，"北陆"就是指北平大名鼎鼎的陆小曼。

陆小曼是一个真正意义上敢爱敢恨的女子。当她与诗人徐志摩相爱后，不顾父母的反对、外人的谩骂、社会的谴责，执意要冲破所有的阻碍与王庚离婚，与徐志摩结为连理。婚后，她依然沉迷于歌舞场所，夜夜笙歌。晚上跳舞、看戏、打牌，白日里睡到中午才肯起床，还染上了鸦片，意志上的消沉让她将画笔也搁置了。徐志摩对她说："什么繁华、什么声色，都是甘蔗滓。我看你还是往文学美术发展，耐心去做。不要贪快，以你的聪明，只要耐心，什么事不成？你真的争口气，羞羞这势力世界也好！"可是陆小曼却一句话也听不进去，觉得徐志摩没有尊重她个性的独立，约束了她的自由，还会因为徐志摩并不宽裕的工资而感到失望。

1931年10月19日，诗人徐志摩在飞机炸响腾起的烟雾中飞走了。徐志摩去世之后，陆小曼远离了风月场所，深居简出，不施粉黛，鲜与人来往。年仅28岁的陆小曼痛定思痛，她在《哭摩》里向心爱之人承诺："我一定做一个你一向希望我所能成为的一种人，我决心做人，我决心做一点认真的事业。"在余下的几十年里，她潜心做两件事情——编撰徐志摩文集与学习绘画。徐志摩的逝世是陆小曼人生中的一个分水岭，在这之前，她虽然有绘画的天赋，但那只是为了修饰自己闺秀气质的一些漂亮羽毛；而在徐志摩逝世之后，绘画不仅成了她让自己生存下去的一个技能，更成了一份致力于用余生去完成的事业。之后的三十几年，她是真正在用对徐志摩的情感、对山水的痴迷、对祖国的热爱在作画，也是为实现人生真正的价值在作画。陆小曼的一生都是在外界的诋毁声中度过的，可是她依然我行我素，守着内心的那份执念，果敢地活着。

晚年的陆小曼脸色白中泛青，头发也是蓬乱的，一口牙齿脱落精光，牙龈也是黑黑的，可见毒瘾对她的一种摧残。她虽面容憔悴，却依旧有着年轻时的韵致，举手投足依然温和有礼。美人迟暮，她用绘画来度化自己。

前半生，她都是依附着别人生活，依附于自己的父母、王庚、徐志摩，以及后来一起生活了许多年的翁瑞午。而到后半生，她开始用自己的绘画作品来养活自己，以此获得真正意义上的人格独立。一个女人，只有在物质与精神上都独立的时候，才会获得真正的自由。

第三辑　旗袍袅娜的中西合璧

西湖佳境

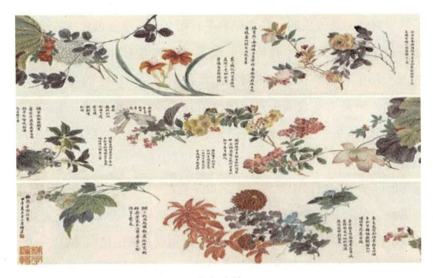

花卉手册

　　随着日子往前走，这个世界上没有不带伤的人。无论什么时候，你都要相信，真正治愈自己的，只有自己。不去抱怨，尽量担待；不怕孤单，努力沉淀。

　　时间如雨，我们都是在雨中行走的人，去承担人间的祸福，去跟暴风雨奋战，在沉舟的碎裂声中毫不沮丧。

才貌双全　个性自由

　　淑女气质和风范的涵义绝对不等同于中国传统意义的礼教名词。它是新的历史条件下，女人在仪表、谈吐、举止、思维和行为习惯上一种独具中国特色的女性魅力。用现代的眼光看陆小曼，她只是一个最具勇气、毫不伪饰、敢于追求个人幸福的真女子。她豪爽意气，不追名逐利；她个性鲜明，真诚待人；她我行我素，自由自在，最重个体生命的自由和自我感受。

　　女生：新时代的你，将来想成为什么样的女性呢？从这三人身上你学到了什么？

　　男生：请从仪表、谈吐、举止、思维、行为习惯等方面说说你更欣赏哪个人物？

淑女小贴士

时装

　　除旗袍外，女性服装繁荣的显著标志之一就是时装的出现。在某一时期内通行的新式服装被称为时装。时装在上海的广泛流行使上海成为全国的服装中心，商家的服装展演、女演员的穿着都引领着时装的潮流。时装中的裙装成为都市女性的新宠，样式、颜色时时翻新，举不胜举。披风、西式大衣、西式外套、毛线马甲、泳衣、各款帽子、围巾……共同构成时装的一部分。辛亥革命后，受留学生的影响，上衣下裙一度是最流行的服装。

上衣下裙

寻 觅 与 传 承
——做时代新淑女

江山和美人

　　宋霭龄、宋庆龄、宋美龄是中国著名的"宋氏三姐妹"，是20世纪中国闪耀的姐妹组合。宋霭龄联姻孔祥熙，富甲天下；宋庆龄成为国母，爱国爱民；宋美龄嫁给蒋介石，权势显赫。

多面玲珑宋霭龄

无冕女王

宋霭龄早年曾赴美留学，是中国第一位赴美留学的女性。她在1905年曾随姨父出席罗斯福在白宫的宴会，1910年以优异的成绩完成学业并获得毕业证书，之后便回国开始了自己的事业。回国后，她曾担任孙中山的秘书，可谓是孙中山的左膀右臂。她利用精通五国语言的优势陪同孙中山各国勘察，参与和制订营建20万里铁路的计划。所以，在孙中山取得的成就中，她也有很大的贡献。

宋霭龄为人比较精明，是名副其实的务实主义者。她很爱财，并且为赚钱不择手段，和丈夫孔祥熙官商勾结，赚取政府的官股红利，成就一夜暴富。她也是个热诚的爱国人士，对日抗战时慷慨解囊，一致对外。宋霭龄坐拥亿万家财，玩弄权势于股掌，政治头脑并不比宋美龄差。她曾为丈夫孔祥熙出谋划策，使其坐上"行政院长"的位置，也曾策划"蒋宋联姻"，游说"四大家族"。后人这样评价她："红楼王熙凤，民国宋霭龄。"王熙凤的精明都已了解，宋霭龄与之比起来当仁不让。

历史一向以"爱钱"来评价宋霭龄，这是很贴切的概括，"爱钱"正是宋霭龄务实主义人生观的最大体现。她觉得，人们崇拜卡尔将军，是因为卡尔将军有钱；父亲能从一个普通贫困的牧师变成上海商界的实力人物，也是因为有了钱；而孙中山的革命活动能够顺利开展，也是因为有父亲这位忠诚地为革命筹措钱财的人，不然革命经费紧缺的窘境是很难解决的。从长期的观察中，她悟出了一个道理：金钱是很重要的，只有钱才能办实事。

有一部分人认为宋霭龄心系权势。其实，宋霭龄玩弄权势也是为了生财致富。她运用过人的能力与智谋，利用孔祥熙的职务和蒋宋家族的背景，随心所欲地转动权力的魔方，在金融工商界呼风唤雨，可谓点石成金。宋霭龄并不是通过正常的实业、商业等渠道来赢取利润，她觉得这种生财之道速度太慢，而且当时的经济形势也不乐观，是一种只赔不赚的办法。她的聚财策略就是投机取巧、贪赃枉法、徇私舞弊、欺压诈骗等非法手段，甚至不惜动用国家公款、战时军费来为自身聚敛钱财。她爱钱已经爱到疯狂了，弄得千夫所指、天怒人怨也在所不惜。"成也霭龄，败也霭龄"，蒋家王朝的国库亏空。

宋霭龄的一生是成功的，也是失败的。她因为务实主义人生观获得了财富、权力和地位，成为蒋氏统治时期中国的无冕女王，成为前所未有的最富裕的女人。但她过分地追求实际，也让其人生变得市侩势利，变成一个绝对的个人利益主义者，在历史上留下了并不受人肯定的名声，也遗失了许多美好的人生价值和意义。

第三辑　旗袍袅娜的中西合璧

视野开阔　精明过人　深明大义

　　她是中国第一位赴美留学的女性，随姨父温秉忠出席美国第26届总统西奥多·罗斯福在白宫举行的宴会，在老罗斯福的面前谈人权。这段不寻常的海外留学经历让宋家大姐具备了非比寻常的大视野、大格局。她是一位手眼通天的神秘人物，集多面性格于一身。她套取官股红利，一夜暴富，却也深晓大义，对抗日战争倾财解囊，当仁不让。她的慷慨曾让伤兵、孤儿落泪。

探究活动

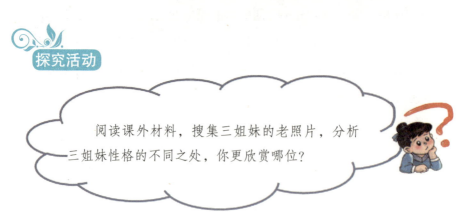

　　阅读课外材料，搜集三姐妹的老照片，分析三姐妹性格的不同之处，你更欣赏哪位？

婚礼礼服

除了婚纱礼服外，大部分仍然沿用了袄裙做婚礼礼服，不同的是戴墨镜成了时髦的打扮。新娘佩戴类似传统凤冠的头饰，又佩戴了茶色眼镜，一古一今的两种装饰同时出现。

一代国母宋庆龄

淑女故事

一代国母　空谷幽兰

　　1893年1月27日，宋庆龄诞生在上海一个牧师兼实业家的家庭。她的父亲作为孙中山的朋友和同志，也是她的第一位启蒙老师。

　　宋庆龄7岁时入上海中西女塾读书，并在15岁时偕妹妹宋美龄赴美国留学。她先在新泽西州斯密特城私立学校学习英语，次年考入佐治亚州梅肯市威斯里安女子学院文学系。宋庆龄聪敏好学、思想活跃，经常参加学校的活动，听到辛亥革命胜利的消息，热情欢呼辛亥革命是"二十世纪最伟大的事件"。1913年，宋庆龄大学毕业，获文学学士学位。她怀着满腔爱国热情和振兴中华的理想毅然回国，投身于"求中国之自由平等"的民主革命斗争。

　　归国途中经过日本，她拜会了早已崇敬的孙中山先生。随后担任了孙中山的秘书，在共同的革命斗争中建立了深厚的友谊和感情。她不顾家人的反对，设法从上海重返日本，于1915年10月25日与孙中山在日本东京结婚。她淡泊名利、权势，放弃了阔绰优裕的家庭生活，心甘情愿地为孙中山一起分担流亡之苦，并积极参加和支持孙中山领导的中国民主革命。

婚后，她继续充当孙中山贤内助的角色，成为他的左膀右臂。在家里，她是他小小的妻子，照料他的一切日常生活；在外时，她是伟大领袖的夫人，令人尊敬的国母。她陪同他参加大大小小的会议，进行各种谈判，与他出生入死、生死与共。1922年6月16日凌晨，陈炯明因反对孙中山北伐而叛变革命。在叛军企图炮轰大元帅府及住所的危急关头，孙中山请宋庆龄先行撤离，而她却对孙中山说："中国可以没有我，不可以没有你。"坚持让孙中山先安全撤离。后来几经危难才死里逃生，次日于永丰舰（中山舰）会合。好女人像大地，承接万物。

埃德加·斯诺曾问过宋庆龄是如何爱上孙中山的。她答道："我当时并不是爱上他，而是出于敬仰。我偷跑出去协助他工作，是发自少女浪漫的念头——但这是一个好念头。我想为拯救中国出力，而孙博士是一位能够拯救中国的人，所以我想帮助他。"在敬仰的男子面前，她并不像一个单纯的小粉丝，而是一个平等、智慧的女子。她经常打断他的话，表达自己的观点，描述对革命的理想、期盼和解救中国的愿望。她眼睛里闪烁着热烈的光彩，像一支火炬，点亮了他一度灰暗的情绪和失落的心境。他惊讶地发现，自己不仅获得了精神支持，更得到了事业助力。

1925年1月，孙中山被诊断为肝癌晚期。3月11日下午，孙中山叫来何香凝，千叮咛万嘱咐地交代："善待孙夫人，弗以其夫人无产而轻视。"说着说着，舌头硬了，何香凝立即表示尽力保护夫人。他含泪望着何香凝，握着她的手说："那么，我很感谢你。"1925年3月12日，孙中山逝世。

在经历了命运的几次转折之后，她逐渐褪去少年时的稚嫩、新婚时的青涩，变得越发清冷朴素，宛若空谷幽兰。

第三辑　旗袍袅娜的中西合璧

热爱和平　博爱仁勇　仪态万方

　　"国母"两个字的称呼缘起"中华民国"第一任临时大总统孙中山，宋庆龄自己也赋予了这个称呼特殊的意义。她参与改组国民党，实现了第一次国共合作；两次被选为国际反帝同盟名誉主席，之后又成为世界反法西斯委员会的主要领导人之一；与蔡元培、鲁迅、杨杏佛等人在上海组织了"中国民权保障同盟"；在上海领导召开了"世界反对帝国主义战争委员会"远东会议；促进国共两党第二次合作；在香港创建"保卫中国同盟"……她一生都在践行着自己对国家、对世界的信念。相比大姐和三妹，她的政治理想更契合历史的走势，而她的博爱、对和平的不懈追求，也让"国母"这个称呼的意义更加丰满、伟大。

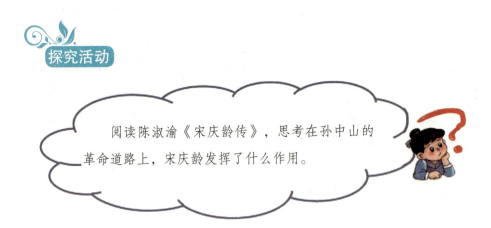

探究活动

　　阅读陈淑渝《宋庆龄传》，思考在孙中山的革命道路上，宋庆龄发挥了什么作用。

女子校服

校服是作为现代教育理念的一部分传入中国的。上着长至腰间的竹布上衣，下着黑裙，是20世纪20年代教育部门规定的女子校服。不仅中小学校有校服，某些大学也有校服。不过，有校服的学校大多有西方教学背景，如北京的培华女中、上海的中西女中、清心女中等都有统一的校服。这些穿校服的女子们为当时的社会带来一股新鲜的风气。

长袖善舞宋美龄

穿旗袍的民国第一夫人

　　1907年，宋美龄跟随赴美留学的二姐宋庆龄到了美国，后就读于马萨诸塞州韦尔斯利女子大学。此时，宋美龄在思想、举止和谈吐上已全盘西化。1917年8月，宋美龄从美国回到上海，她决心掌握流利的汉语，精通祖国的古典文学，于是请了一位私塾先生。这对她后来写一些文字稿和公开的演讲都起了很大作用。由于社交能力强，宋美龄很快成为上海名流圈中男士追求的目标。在蒋介石的穷追不舍之下，她于1927年与蒋介石结婚。

　　婚后，每次出席各大宴会，蒋介石都坚持把宋美龄带在身边，往往是所有宴会里唯一的女性。宋美龄凭借出色的社交活动，游刃有余地行走在南京各大官员之间，成为丈夫得力的政治助手。她一方面担任丈夫的秘书和翻译，出席交际应酬；另一方面开始涉足公益事业，如设立"遗族学校筹备委员会"等。

当时为了组建空军，宋美龄花了大量的精力，甚至还成功签约飞虎队队长陈纳德。后来，因战时紧张的工作影响到她的健康，无奈之下，宋美龄于1938年辞去航空委员会秘书长的职务。尽管如此，空军的实际领导依然是宋美龄，这一点在很多年后都没有改变。

有人说，蒋介石与宋美龄的婚姻是"权杖与玫瑰的结合"，言下之意这桩婚姻是政治交易。看似武断，却也是铁铮铮的事实。一方面，两家联姻提高了蒋介石的政治地位，再次扩大了宋家的经济圈子；另一方面，夫妻恩爱也属实，西安事变就是最好的证明。宋美龄不惜深入险境，奔走各方，斡旋张学良，最终成功救出蒋介石。当时，只要有一步走错，她和丈夫就再也看不到未来，走得真是步步惊心，却也甘之如饴。

1943年2月18日，对宋美龄来说是生命中最重要的一天。她受美国国会邀请，在美国副总统亨利·华莱士的陪同下，走进美国众议院会议厅，向参、众两院发表演说，成为第一个在美国发表演说的中国人。同年11月23日，开罗会议开幕，这是一次关于讨论远东战略问题的辩论。面对如此盛大的会议，宋美龄毫不怯场，身兼数职，既是蒋介石的秘书，又是翻译，还是顾问兼军师。就连老谋深算的丘吉尔也不止一次地在公开场合夸赞宋美龄是他世上最欣赏的少数女性之一。

宋美龄是爱美的，对着装非常讲究。她早年喜欢穿洋装，后来一直习惯穿合身的旗袍，搭配3寸小高跟。她对饮食很克制，非常重视自己的体重。由于受到美式教育的影响，宋美龄常年化妆。除了见亲近的朋友之外，就连见蒋经国也会化妆。据说，她非常重视自己的保养，年过60的她依旧皮肤白皙，美丽常在。

淑女名片

长袖善舞　美艳绝伦　热心政治

她拥有杰出的英语功底，会说六国语言，擅长国画、书法、钢琴，是

琴、棋、书、画样样精通的人，更是蒋介石
的外交助手。历史不会忘却她的贡献。抗战
期间，宋美龄发起了"百万件棉衣运动"，
组织服务队赶制棉背心。宋美龄亲自裁剪、
缝制士兵棉衣；以中国空军创建人的身份参
与了空军建设；推动中美邦交，形成了美国
援华热潮……蒋介石病死后，宋美龄远走他
乡，赴美隐居，晚年黯淡孤独，拒绝回忆，
永不卸妆。她是改变世界的大女人，也是改
变生活的小女人。她的美惊艳了世界，也惊
艳了时光。

探究活动

阅读《宋美龄的美丽与哀愁》，梳理出与宋
美龄有关的历史。论述在蒋家王朝中宋美龄是一
个怎样的存在。

淑女小贴士

民国婚礼服饰

民国政府大力提倡"文明婚礼"，并推行了相关条例，更进一步促进了近

代结婚礼服的演变与推广。1928年，蔡元培以及内政部长联合拟定的《婚礼草案》提出："白软缎礼服长裙，头戴珠冠花环，披有四米罩纱，带白手套；执手花，伴之以长青草垂地。脚穿皮鞋或白软缎皮底绣花鞋。"蒋介石和宋美龄的结婚照中，两人的着装就是《婚礼草案》的范本。

第三辑　旗袍袅娜的中西合璧

别样红颜另类美

　　淑女，或是婉约清丽，或是大家闺秀，或是持家有道，或是典雅精致。她们是，也不是。一个是惊才绝艳、风致娟然、收获文坛、蜚声商海，却独弃爱情、快意人生的吕碧城；一个是才华横溢、清高孤傲、冷眼看人世，却又甘于为爱低头、恣意生命的张爱玲。她们都是穿越时代的才女，更是跨越世纪的淑女。且让我们走近她们，读她们的故事，聆听她们的心声……

一代词媛吕碧城

洒脱传奇，惊动京津

比传奇更传奇

这是一个比传奇更传奇的女子，甚至无法用传奇来形容。

她是中国第一位女性编辑，更在23岁那年成为中国第一所女子学校——北洋女子师范学堂的校长，后来又担任袁世凯的秘书。当发现和袁世凯道不同时毅然辞职，下海经商炒股，晚年皈依佛门，翻译佛经，做种种善事。

就是这样的女子，竟然被冠以"剩女"二字，实在无法理解。

这个世界似乎对女性总是苛责的。到一定年纪没有嫁人，会被人在背地里指指点点，甚至嘲笑她们"剩女"。女性不应生来就是为家庭而活，不一定要结婚生子，只是各自选择的生活方式不一样，不能因为没有随波逐流选择结婚生子，就被人嘲笑。

有一个人，用自己的经历演绎着另一番光景，没有爱情，生活依旧有声有色。她就是吕碧城。

绛帷独拥人争美，到处咸推吕碧城

手中的《大公报》，只有一个招聘启事还未去。这是个招聘佣人的启事，吕碧城并不感兴趣。可是，启事下面的人名引起了她的兴趣。

方君，那不是舅舅的秘书吗？或许她会给予自己帮助吧。抱着忐忑的心情，她写了一封求助信给方夫人。可是，一连好几天都没有消息。

就在她要放弃的时候，方夫人出现了，说《大公报》总经理英敛之看到后，非常欣赏她的才华，想要聘请她为《大公报》见习编辑。

那个晚上，吕碧城激动地一晚上没有睡，眼睁睁看着天从黑夜到白天。第二天一早，英敛之来访。两人一见如故，相谈甚欢。

进入《大公报》后，英敛之夫妇处处帮助她，带她熟悉工作，还给她较好的工作环境，以便她能安心工作。吕碧城便用自己的努力回报他们，篇篇文章精彩绝伦，篇篇引起社会轰动。

让她一夜成名的便是《百字令》："排云深处，写婵娟一幅，翠衣轻羽。禁得兴亡千古恨，剑样英英眉妩。屏蔽边疆，京垓金币，纤手轻输去。游魂地下，羞逢汉雉唐鹉。"她痛斥了慈禧太后把大清江山拱手相让，丧权辱国，即使死了到底下，也羞见吕雉和武则天。

自那之后，吕碧城又写了《论提倡女学之宗》《敬告中国女同胞》等文章，引起社会轰动。她倡导女子教育，呼唤独立民主，受到当时不少新女性的推崇。

她出席各种名流聚会时，大方得体、应对自如。面对众多的荣誉与夸奖之词，吕碧城也不膨胀，反而更加沉下心来读书，越发勤练文章。

一介女流，商海纵横

到上海后，母亲病重，撒手人寰，吕碧城伤心不已，难以自拔。这时，英敛之夫妇邀请她小聚。自然，两人再次聚在一起，只是不复以前光景。

他们带她参观自己办的学校，吕碧城不禁悲从中来。想想之前创办的女子学校，花了整整七年的时间，一个女人最美好的阶段全奉献给了事业。可惜后来因为清政府镇压游行的学生，她创办的北洋女子师范学堂被波及，只得停课。尽管如此，还是培养了邓颖超、许广平这样的学生。

吕碧城想了很久，终于想好自己要做什么。既然人在上海，不如从商，但愿能在十里洋场占据一席之地。于是，她从最拿手的丝绸业和收藏做起。一来喜欢，二来有研究，三来人脉广，自然得心应手。

从商后，吕碧城的生活与之前有极大不同。她远离政坛，立足商场，乱世中独善其身，保留一颗赤子之心。1917年，北方爆发特大洪灾。赈灾通告发布后，吕碧城捐献出十万大洋赈灾，甚至为募捐奔走，送到北方灾区。

她晚年皈依佛门，将自己的二十万余元港币悉数捐给慈善机构，用于弘扬佛法。对于自己的后事，她交代给好友："遗体火化，把骨灰和入面粉为小丸，抛入海中，供鱼吞食。"1943年1月24日，吕碧城离开人世，享年六十一岁。

淑女作品

百字令

排云深处，写婵娟一幅，翠衣轻羽。

禁得兴亡千古恨，剑样英英眉妩。

屏蔽边疆，京垓金币，纤手轻输去。

游魂地下，羞逢汉雉唐鹉。

为问此地湖山，珠庭启处，犹是尘寰否？

玉树歌残萤火黯，天子无愁有女。

避暑庄荒，采香径冷，芳艳空尘土。

西风残照，游人还赋禾黍。

《满江红·感怀》

晦暗神州，欣曙光一线遥射。

问何人，女权高唱，若安达克？

雪浪千寻悲业海，风潮廿纪看东亚。

听青闺挥涕发狂言，君休讶。

幽与闭，长如夜。

羁与绊，无休歇。

叩帝阍不见，怀愤难泻。

遍地离魂招未得，一腔热血无从洒。

叹蛙居井底愿频违，情空惹。

淑女金句

即便这一生都没有爱情也没有关系，幸而手边略有积蓄，不愁衣食，只有以文学自娱。

生平可称许之男子不多，梁任公早有妻室，汪季新年岁较轻，汪荣宝尚不错，亦已有偶。张謇公曾为诸贞壮作伐，贞壮诗固佳，奈年届不惑，须发皆白！我之目的，不在资产及门第，而在于文学上之地位。因此难得相当伴侣，东不成，西不合，有失机缘。

淑女名片

聪慧通达　果敢独立　不畏世俗

民国时期，才女辈出，吕碧城是风采卓绝的一位，开创各种先例，可谓"人中龙凤"。

　　她才华横溢，信手拈来的婉约诗词迄今令人惊叹，被赞为"近三百年来最后一位女词人"；她惊才绝艳，风致娟然，无惧世俗眼光，对爱情从不将就，纵然被戏谑为"黄金剩女"，也不过淡然一笑，走自己的路；她聪慧通达，蜚声文坛，纵横商海，成就一生传奇，仍不忘爱国之志；她放下凡尘俗事，于佛门静修，却时刻惦念乱世中的同胞，广播善因，无私救危民于苦难中。她有古代女性的柔情与婉约，也有当代女性的果敢与独立，更有令人欣羡的才华与智慧，堪称时尚淑女的代表。

探究活动

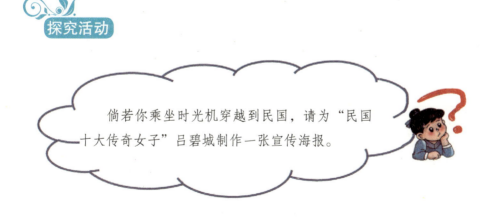

　　倘若你乘坐时光机穿越到民国，请为"民国十大传奇女子"吕碧城制作一张宣传海报。

《更衣记》中的服饰

出门时裤子上罩的裙子，其规律化更为彻底。通常都是黑色，逢着喜度年节，太太穿红的，姨太太穿粉红。寡妇系黑裙，可是丈夫过世多年之后，如有公婆在堂，她可以穿湖色或雪青。裙上的细褶是女人仪态最严格的考验。富贵人家的小姐，莲步姗姗，百褶裙虽不至于纹丝不动，也只限于最轻微的摇颤；不惯穿裙的小家碧玉，走起路来便予人以惊风骇浪的印象。更为苛刻的是，新娘的红裙裙腰垂下一条条半寸来宽的飘带，带端系着铃，行动时只许有一点隐约的叮当，像远山上宝塔上的风铃。

清高孤傲张爱玲

一生错爱，仍慈悲生命，张扬却寂寞

——张爱玲

淑女故事

孤傲一生的"异"女子

谁能将旗袍穿得古怪离奇？谁能把文字写得惊世骇俗？谁能为了爱让自己低到尘埃里还嫌不够？唯有张爱玲才能做到这样的特立独行、格格不入，一个比烟花还寂寞的孤傲女子。

说张爱玲是中国文学史上的一个"异数"并不为过。文字在她的笔下才真正有了生命，直钻进人的心里去。喜欢张爱玲的人对她的书是真喜欢。阅读的本身就能给读书的人莫大的快感，但阅读的快乐只有在她那里才可以得到。读别人的书或许能懂得道理、了解知识、得到震撼，但是只有读张爱玲的文章才是快乐的，即便是有点悲剧意味的《十八春》依然如此！

张爱玲的性格中聚集了一大堆矛盾：她是一个善于将艺术生活化、生活艺术化的享乐主义者，又是一个对生活充满悲剧感的人；她是名门之后、贵府小姐，却骄傲地宣称自己是一个自食其力的小市民；她悲天悯人，时时洞见芸芸众生"可笑"背后的"可怜"，但现实生活中却显得冷漠寡情；她通达人情世故，但穿衣待人均是我行我素、独标孤高；她在文章里同读者拉家常，却与人始终保持着距离，不让外人窥测她的内心；她在20世纪40年代的上海大红大紫，一时无二，然而几十年后却在美国深居简出，过着与世隔绝的生活。以至有人说："只有张爱玲才可以同时承受灿烂夺目的喧闹与极度的孤寂。"

现代女作家有以机智聪慧见长者，有以抒发情感著称者，但是能将才与情打成一片，在作品中既深深进入又保持超脱的，张爱玲之外再无第二人。张爱玲既写纯文艺作品，也写言情小说，《金锁记》《秧歌》等令行家击节称赏，《十八春》则能让读者大众如醉如痴。这样身跨两界、亦雅亦俗的作家，一时无二。她受的是西洋学堂的教育，却钟情于中国小说艺术，在创作中自觉师承《红楼梦》《金瓶梅》的传统，新文学作家中走这条路子的人少而又少。

张爱玲出身名门，祖父张佩伦乃清朝大官李鸿章的女婿。不过，她的童年却是黑暗的，生母流浪欧洲，剩下她和弟弟在父亲和继母的监管中成长。因为经济原因，她以唯一的生存工具——写作来渡过难关。《第一炉香》和《第二炉香》是她的成名作，向上海文坛宣布了一颗夺目新星的来临。继之而来的《红玫瑰与白玫瑰》《倾城之恋》《金锁记》等更奠定了她在中国现代文学史上重要的地位。她笔下的女性是实实在在的：自私、有城府，但经得起时间考验。就是这些近人情的角色的永恒性加重了她文字里苍凉的味道，反复地提醒着人们现今所有的文明终会消逝，只有人性的弱点得以长存于人间。就在被认定是上海首屈一指的女作家，事业如日中天的同时，她却恋爱了。令她神魂颠倒的偏偏是为大汉奸汪精卫政府文化部服务的胡兰成。张爱玲为这段恋情拼命地付出，她不介意胡兰成已婚，不管他汉奸的身份。战后，人民反日情绪高涨如昔，全力捕捉汉奸。胡兰成潜逃温州，因而结识新欢范秀美。张爱玲没能力改变什么，只是告诉胡兰成她自将萎谢了。然而，凋谢的不只是张爱玲的心，她惊世骇俗的写作才华亦随之而逝。

此后，张爱玲在美国又有过一次婚姻。她与第二任丈夫赖雅相识于1956年，赖雅是个左派作家，两人同年结婚，共同生活，直到1967年赖雅逝世。赖张二人的结合几乎看不到爱情的痕迹，更像是在凉薄世间各取所需。张爱玲笔下的爱情是风花雪月，可她的婚姻只有一地鸡毛。她对人越来越冷淡，拒绝社交、拒绝朋友。1995年，半生孤独的张爱玲直到死后7天才在自家公寓里被人发现。屋里没有家具、没有床，她就躺在地板上，身上盖着一条薄薄的毯子。一个曾经无限风光的生命以一种最凄凉的方式凋零。

淑女作品

她的作品主要有小说、散文、电影剧本以及文学论著，她的书信也被人们作为著作的一部分加以研究。

张爱玲的小说语言最大的特色就是大量运用比喻、对照、反讽、色彩描写等手法。如在《沉香屑—第一炉香》里，她曾写道："薇龙那天穿着一件磁青薄绸旗袍，给他那双绿眼睛一看，她觉得她的手臂像热腾腾的牛奶似的，从青色的壶里倒了出来，管也管不住，整个的自己全泼出来了。"这是一段以热牛奶比喻女人手臂之洁白美丽的绝妙描写，既通过读者的视觉来让人感受到乔琪色迷心窍、蠢蠢欲动的形象，又表现了薇龙竭力自持却又虚荣不能自拔的心态。

在《金锁记》里她写道："她到了窗前，揭开了那边上缀有小绒球的墨绿样式窗帘，季泽正在弄堂里往外走，长衫搭在肩上，清甜的风像一群白鸽子钻进他的纺绸裤缝里去了，哪儿都钻到了，飘飘拍着翅子。"这是人物处于阴沉压抑的环境中，爱情终归破灭的情境。没有大段的铺张描写和渲染，文字精练动人，却将那种伤感表现得非常深入，自然灵动。

淑女金句

1. 凡事皆有代价，快乐的代价便是痛苦。

2. 也许每一个男子全都有过这样的两个女人，至少两个。娶了红玫瑰，久而久之，红的变成了墙上的一抹蚊子血，白的还是"床前明月光"；娶了白玫瑰，白的便是衣服上的一粒饭粘子，红的却是心口上的一颗朱砂痣。

3. 喜欢一个人，会卑微到尘埃里，然后开出花来。

4. 你永远不懂我伤悲，就像白天不懂夜的黑。

5. 因为爱过，所以慈悲；因为懂得，所以宽容。

淑女名片

清高孤傲　高贵典雅　特立独行

她披着一袭寂寞的华袍，创造了无数的爱情蜜语；她被赞为文学史上的天才，清高孤傲，却为爱低头，纵然埋进尘埃也甘之如饴；她身材纤细，旗袍秀丽，高贵典雅，却用一只瘦笔写尽世间繁华，既承受了灿烂夺目的喧闹，又苦尝了人世间极度的孤寂。

探究活动

张爱玲的很多作品被拍成了电影，请找一部看一看，比较一下影视作品和小说的不同，学唱一首电影插曲。

淑女小贴士

《更衣记》中的服饰

皮衣有一定的季节，分门别类，至为详尽。十月里若是冷得出奇，穿三层皮是可以的。至于穿什么皮，那却要顾到季节，而不能顾到天气了。初冬穿"小毛"，如青种羊、紫羔、珠羔；然后穿"中毛"，如银鼠、灰鼠、灰脊、狐腿、甘肩、倭刀；隆冬穿"大毛"，如白狐、青狐、西狐、玄狐、紫貂。"有功名"的人方能穿貂。中低等阶级的人以前比现在富裕得多，大都有一件金银嵌或羊皮袍子。

并蒂莲花分外香

何为淑女？是容颜绝世，还是柔弱可人，抑或是才华过人？容颜易逝，过柔难立，而才识却会融入骨血，伴人一生。

她们生于动荡，绽放在当代，历经两个时代的沧桑变迁，依然"一片冰心在玉壶"。杨绛与冰心，两个婉约优美的女子，"腹有诗书气自华"是对她们最好的写照。她们也许不漂亮，但是都是美丽的。

清淡如菊，傲骨如梅

杨绛：一生傲骨与柔情

良好的家庭教育

杨绛是个书香门第的大小姐，父亲杨荫杭是知名大律师。身教重于言传，杨绛有一种与生俱来的坚韧与柔情并存的风骨。

杨绛与钱钟书

娶妻当如杨绛，钱钟书和杨绛的爱情故事早就被传为一段佳话。作为一个在开明家庭中成长的新女性，杨绛嫁入一个需对公婆行叩拜礼的传统家庭却没有一句怨言。钱钟书完全是生活白痴，"一辈子分不清左右脚，60岁才学会擦火柴"，处处依赖她。

淡非不争

杨绛虽然淡泊名利，"不争"是她伟大和不朽之处，但和谁都不争不代表没有底线。杨绛不争的是名利，争的是原则，是底线。

钱钟书去世后，他的一位朋友竟然要拍卖钱钟书、杨绛写给他的书信及手稿。杨绛闻讯怒了，亲自出面诉诸法律，最终让拍卖会取消了。

杨绛与文学

在学问上，杨绛更是从不懈怠。"好的教育"几乎陪伴杨绛一生，启明、振华、东吴、清华、牛津、巴黎大学，她从小到大都在上名校，却始终不满足已有成绩，一直都在自学。

她对自己的要求非常高。20世纪40年代，杨绛的几部喜剧在上海名声大噪。50年代，没学过西班牙语的杨绛接到了一项意外的翻译任务——重译《堂吉诃德》。杨绛开始每日自学西班牙文，几度中断却始终坚持不辍，直到1978年《堂吉诃德》才得以出版。

温婉从容，风华更显

杨绛这个倔强又温婉的奇女子，到了暮年更显风华。

1994年开始，钱钟书住进医院，全靠杨绛一人悉心照料。不久，女儿钱瑗也病重住院，与钱钟书相隔大半个北京城。当时八十多岁的杨绛来回奔波，辛苦异常。钱钟书病到不能进食，只能靠鼻饲，医院提供的匀浆不适宜吃，杨绛就亲自来做，做各种鸡鱼蔬菜泥，炖各种汤，鸡胸肉要剔得一根筋没有，鱼肉一根小刺都不能有。"钟书病中，我只求比他多活一年。我尽力保养自己，争求'夫在先，妻在后'，错了次序就糟糕了。"

在爱女、丈夫相继辞世之后，已近九十高龄的杨绛痛不欲生，但是她说她得留在人世间打扫现场，尽应尽的责任。

杨绛开始整理钱钟书留下的手稿与中外文笔记，并翻译柏拉图的《斐多篇》。她每天读书写作从不间断，出版了很多优秀的作品。2003年，《我们仨》一书写尽了她对丈夫和女儿最深切绵长的怀念，感动了无数中外读者。

一百多岁的老人脸上还有孩子的纯真，这如同她晚年的作品，充满生命力和对世界的热情、好奇。她把一般人难以忍受的痛苦变为享受，把生活的不如意过成了如意，把坚韧化为了淡定，这就是杨绛的人生哲学。

杨绛的淡定、从容是很难学得来的。她的温婉，可以为了钱钟书先生的《围城》当两年灶下婢；她的坚定，使她可以跟形形色色的人打交道，可以为了翻译《堂吉诃德》自学两年西班牙语；她写过剧本，写过散文，翻译过文章，可以将丈夫留下的零散手稿整理好，成为《钱钟书手稿集》……她做了太多一般人做不到的事情。

淑女作品

杨绛文学作品的成功是有目共睹的。她翻译《堂吉诃德》，创作长篇小说《洗澡》、剧本《称心如意》《弄真成假》等。其沉定简洁的语言看起来平平淡淡、无阴无晴，然而平淡不是贫乏，阴晴隐于其中，经过苦心经营的朴素中，有着本色的绚烂华丽。干净明晰的语言在杨绛笔下变得有巨大的表现力。有时明净到有些冷，但由于渗入诙谐幽默，又平添几分灵动之气，因而使静穆严肃的语言自有生机，安静而不古板、活泼而不浮动，静中有动，动还是静。沉静诙谐中有沉着老到、雍容优雅的气派，锋芒内敛后的不动声色，有种静穆超然的中和之美。

杨绛的文字韵致淡雅，独具一格。更难得的是，当她用这润泽之笔描写那些不堪回首的往事时，拥有不枝不蔓的冷静，比那些声泪俱下地控诉更具张力，发人深省。

淑女金句

1.唯有身处卑微的人，最有机缘看到世态人情的真相。

2.你的问题主要在于读书不多而想得太多。

3. 少年贪玩，青年迷恋爱情，壮年汲汲于成名成家，暮年自安于自欺欺人。人寿几何，顽铁能炼成的精金，能有多少？我们曾如此渴望命运的波澜，到最后才发现，人生最曼妙的风景，竟是内心的淡定与从容。

4. 围在城里的人想逃出来，站在城外的人想冲进去，婚姻也罢、事业也罢，人生的欲望大都如此。

淑女名片

温润如玉　倔强温婉

她是一介女子，却被世人尊称为先生。

她历经生活的磨难，却能保有一份从容不迫。

她在尘世百年，却一生保有孩童的纯真。

她就是杨绛，一个温润如玉的女子。她从容不迫、倔强温婉、才识过人，这才是淑女的最好写照。

淑女身上最动人的地方从来不是肤浅的外貌，而是那由内而外散发出来的书香气息，沁人心脾。

　　课外阅读杨绛的百岁感言，你从中悟道了什么？如果你邂逅这样的淑女，请设计几个访谈的话题。

淑女小贴士

《更衣记》中的服饰

　　女子的"昭君套"为阴森的冬月添上点色彩。根据历代的图画，昭君出塞所戴的风兜是爱斯基摩式的，简单大方，好莱坞明星仿制者颇多。中国十九世纪的"昭君套"却是癫狂冶艳的——一顶瓜皮帽，帽檐围上一圈皮，帽顶缀着极大的红绒球，脑后垂着两根粉红缎带，带端缀着一对金印，动辄相击作声。

清丽婉约，爱在人间

淑女故事

冰心：一片冰心在玉壶

与书为友　嗜书如命

冰心自幼聪慧好学，特别喜欢听故事。有一次，母亲让她洗澡，她就在浴室里偷看书，直到洗澡水都凉了。母亲生气地夺过她手中的《聊斋》，撕成两半，扔到墙边。小冰心望望母亲，又看看那本心爱的书，胆怯地挪到墙角，捡起那本书又接着读了下去。这一来，倒把生气的母亲逗乐了。冰心不但把读过的书都用心记住，还时常把书中的故事讲给别人听。就这样，冰心在童年时饱览群书，丰富了见识，一步步地进入文学的殿堂。

"海化"的青年

冰心十九岁正式走上文坛，一生创作了大量的文学作品。她的作品中出现最多的就是"海"。海是童年冰心的伟大摇篮。当她登上了文坛之后，就经常写作以大海为题的诗歌、散文和小说。她曾经说过："每次拿起笔来，头一件事忆起的就是海。"

在三四岁的时候，冰心跟随父母迁居到烟台。那时，他们全家就住在离大海不远的学校里。一次，冰心和弟弟们一块儿在海边乘凉。他们以大海作话题，比赛词汇和想象力，看谁把大海形容得最准确。她的大弟弟说海像女神，有时候艳如桃李，有时候冷若冰霜。二弟弟的想象力也很丰富，他说海霞是他的扇旗，海鸟是他的侍从，夜里他曳着白衣蓝裳，头上插着新月的梳子，胸前挂着明星的璎珞，翩翩地飞行于海波之上。只有小弟弟默不作声。冰心想听听他的说法，可是小弟弟抱着她的胳膊说："海太大了，我太小了，我不会说。"听到弟弟如此简单却富有哲理的答案，冰心笑了。她说："我只希望我们都像海！既有海的温柔和沉静，也有海的超绝和威严。"果然，冰心后来选择了写作，用文字引导人们走向光明。大海陶冶了冰心的性灵，丰富了冰心的想象力，后来又赋予冰心创作的灵感，成就了今日闻名于世界的冰心。

永远充满爱的人

冰心有一个幸福的童年、温暖的家庭。一个夏天的黄昏，冰心随父亲在海边散步。在沙滩上，面对夕阳下海面的满天红霞，冰心感觉烟台的海很美。这时，父亲告诉她："中国北方海岸好看的港湾多的是，比如威海卫、大连、青岛，都是很美的，但都被外国人占领了，都不是我们中国人的了，只有烟台是我们的！"父亲的话深深地印在冰心幼小的心灵上，把爱国这枚种子种到了她的心中。

冰心和母亲的感情也是极好的。母女俩常常紧紧地依偎在一起，悄悄地说些知心话。小冰心喜欢听母亲讲关于她自己的故事，母亲喜欢女儿过来抱住她，与她亲近。一次，小冰心顽皮地问："妈妈，你为什么这样爱我？"母亲笑了："不为什么，只因为你是我的女儿。"正是这种只讲付出而不求回报的崇高母爱，让冰心生活在一个明亮而充满爱的天空下。

父母的慈爱、姐弟的和睦，使她蕴藏着满心的爱。正因为如此，才使她的作品以爱为主题。爱母亲、爱儿童、爱自然，是冰心早期作品的三个基本主题。

生命从80岁开始

冰心很坚强。在80岁那年，冰心因为脑血栓右半身不能活动了，但她没有放弃，像小学生一样重新练习拿笔。在她八十岁之后，又出现了一个创作的高峰。这一时期的创作，冰心也从小说着手，从《空巢》到《桥》到《万般皆上品》到《落价》到《远来的和尚》，也都切入了问题，并且更为深刻、更为尖锐。

淑女作品

繁 星

三十五

万千的天使

要起来歌颂小孩子

小孩子！

他细小的身躯里

含着伟大的灵魂

春 水

一五〇

岩下

缓缓的河流

深深的树影——

指点着

细语着

许多诗意

笼罩在月明中

淑女名片

贤妻良母 秀外慧中 才情四溢

她一生信奉"爱的哲学"，认为"有了爱，便有了一切"，用诗歌将"爱的哲学"展现于世人面前。她的诗歌以"母爱、童真、大自然"为基本要素，字里行间充满了对人世的同情和爱怜。

一代代的青年读了她的诗，懂得了爱，爱一切美好的事物；懂得以一颗真诚的心去看待自己，看待身边的人，看待世界。

淑女当如此，拥有一颗柔软的心，行为处事充满人性的光辉；淑女当如此，拥有丰富的学识，举手投足间优雅美丽；淑女当如此，如诗般隽永。

你身边一定有像冰心一样温暖的女性，请模仿冰心的诗作，为你心中的她创作一首小诗歌。

淑女小贴士

《更衣记》中的服饰

时装上显出空前的天真、轻快、愉悦。"喇叭管袖子"飘飘欲仙，露出一大截玉腕。短袄腰部极为紧小。上层阶级的女人出门系裙，在家里只穿一条齐膝的短裤，丝袜也只到膝为止，裤与袜的交界处也大胆地暴露了膝盖，往往从袄底垂下长而宽的淡色丝质裤带，带端飘着排穗。

著名电视节目主持人、制作人、化妆品王国皇后靳羽西，在其《中国淑女》一书中说，现代女性当"内外兼修——拥有自信的外表，在物质上获得成功，也在精神上获得满足，有风度、有品味、有修养。"如此，新淑女文化既是中国传统淑女文化的继承与超越，又是域外淑女文化与中国传统淑女文化的结合。

1.盥浣尘秽，服饰鲜洁，沐浴以时，身不垢辱，是谓妇容。

现代新淑女，不仅仅要使衣服与身体洁净，也应该学习欧美淑女，使其着装搭配得体，且与年龄相符合，同时不管处于什么年龄阶段，都应注意自己的仪表。欧美女士即便八十岁高龄也会十分注重自己的外在形象。

2.择辞而说，不道恶语。

现代新淑女不仅言善，更要注重个人教养——不窥人隐私、不说人是非，在不断地学习中实现自我人格的圆满与精神成长。

3.专心纺绩，不好嬉笑，洁齐酒食，以奉宾客。

现代新淑女不仅忠于本职，更要开拓进取，走出家庭，走向社会，以独特的明媚为社会增添光彩。

我爱幽兰异众芳——妈妈

推荐人：管思畅　深圳市可园学校

　　谈到淑女，我想说说我智慧有趣的妈妈。她那带着小调皮的温柔常常使我感觉到快乐，给我的内心带来安全感。

　　我的妈妈有两个宝贝，一个是我，另一个是妹妹。她还有着两份事业，代理了两个优质品牌，生活和工作都非常忙碌。但我依然可以感受到她内心的沉静和从容，有条不紊地在快节奏之中优雅从容地穿行。妈妈是个非常热爱工作的人。用她的话来说，工作是一种责任和使命，只有认真地将每一件事情都做好了，心里才踏实。因此，她事事追求做到极致。

　　我的妈妈个子娇小，性格安静，说话语气缓慢，非常热爱生活、热爱工作、热爱一切美好的事物。尽管她每天都很忙碌，但是无论做什么事情，她

都尽心尽力，而且乐在其中。她的简单快乐使
我们每天都能沐浴在和睦有爱的氛围中。每天
清晨，她都敷着面膜在阳台上照顾花花草草，
常常从阳台剪下白玉兰摆放在茶台上，纯洁清
香，沁人心脾。晚饭后，她和爸爸泡上一壶好
茶，邀请爷爷、奶奶、我和妹妹一起听着禅乐
品茶。一家人围着茶桌分享一天中的所见所
闻，讲些幽默笑话，然后各自归位，学习的学
习、做家务的做家务……

　　妈妈也是个爱学习、勇于接受新事物、乐
于更新自己的人。她用学到的芳香精油疗法治
好了我困扰多时的皮囊炎。前段时间，我曾问过妈妈："妈妈，你的梦想是什
么？"妈妈脱口而出："环游世界以及帮助你和妹妹实现心中的梦想，就是妈
妈的梦想！"

　　妈妈教给我很多人生的道理。有一次我顶撞了爸爸，妈妈说："爸爸那
么爱这个家，那么爱你，哪怕是用错了方式，他也是值得你原谅的。妈妈小
时候也被外婆错怪过、误会过。难道我也要去记恨自己的亲人吗？很多事情
我们要学会过滤，学会一笑了之，学会记得别人的好，学会幽默化解"。
妈妈接着说，"如果你觉得爸爸对你的说话语气不好，你也可以幽默地对他
说：'喂，兄弟，你能不能拿出对你太太的友好态度来对待一下你的儿子
呀？'"听到这一句，我忍不住笑了，心中的怒火也熄灭了，对爸爸敌对的
情绪也慢慢地冷静下来，心想："冲动真是个魔鬼，真不敢相信我刚才怎么
会说这么无礼粗暴的话。"妈妈似乎看出我的心思，她接着又讲了一个故事
给我听："一条蛇钻进了一家木工厂，当它爬到角落穿过一把锯子时，不小
心伤了一点。它本能地转过身去咬住了锯子，结果把自己的嘴弄伤了。它不
明白发生了什么事，认为是锯子是在攻击它。它决定用身体缠绕锯子，要用
它的整个身体窒息锯子，于是用尽了所有的力量。不幸的是，它被锯子锯死

了。"听妈妈讲完这个故事，我恍然大悟，愤怒、发火都解决不了问题，有情绪的时候要学会放下，更要学会变通，不要受了一点点伤害就认为是别人的问题。

这就是我的妈妈。她的爱和智慧深深地影响着我，生活在一个有爱的家庭里，才会在生命的旅途中爱别人，也会懂得尊重别人的爱……

淑女名片

善良　谦卑　包容　得体大方　有智慧　有梦想

一个和睦的家是母亲品格所缔造的家风而结出的美好果实。从妈妈的身上，我看到一种淑女的美：表里如一的内心、和善坚定、自强自律、珍爱自己、善待他人，举手投足间散发出从容自信、温雅淡定……

妈妈爱美，养花和插花是她的爱好。

探究活动

你的妈妈美吗？她最迷人的是什么呢？我们来开个分享会，比比谁的妈妈最美。

淑女小贴士

现代淑女应该保持优雅姿态

1. 端庄大方的姿态：坐如钟，立如松，行如风，卧如弓。

2. 优雅漂亮的坐姿：上体直立，头部端正，双目平视，两肩齐平，下颌微收，双手自然搭放，双膝并拢。

3. 正确美观的站姿：上体直立，头正目平，收颌梗颈，挺胸收腹，双臂下垂，立腰收臀，嘴唇微闭，表情自然。

4. 潇洒优美的行姿：上身挺直，头正目平，收腹立腰，摆臂自然，步态优美，步伐稳健，动作协调，走成直线。

5. 上下楼梯的行姿：轻声、慢步、靠右行；不可以骑在栏杆上向下滑；按指定线路走，不拥挤；出入各功能室轻声慢步，不影响他人。

唯有牡丹真国色——妈妈

推荐人：申博雅　安阳市一中分校

我的妈妈有很多身份：既是一位受人尊敬的领导，又是一位良母，更是一枚气自华的淑女。"人本来是刚柔并济的，终其一生，我们都在寻找缺失的那一半。"妈妈眼里溢着坚毅与柔和，完成了刚与柔的合璧。我想，这才是淑女最精华的地方。

大部分女人在二三十岁时就死去了。因为过了这个年龄，她们只是别人的影子，此后余生则是在模仿别人中度过，日复一日。而妈妈不是，她有自己的天地，对自己的工作有一份极强的责任感与上进心。会场上铿锵有力发表演讲的是她，对待文案一丝不苟的是她。一头气质短发，散发出淑女的独特魅力。

前些日子需要对工作中的人事关系进行调整，妈妈为最大限度满足职工的要求，一个个细心地询问情况；需要为会议的进行准备文稿，夜以继日地研究更改。妈妈对工作的谨慎、对职工的亲切体贴，同时也体现在对我的教育上。

妈妈对我，更多的是温柔，是一种潜移默化的影响。她对我的教诲，都是于低声细语中缓缓道出，在行为上点点滴滴垂范实践，家中弥漫着"润物细无声"的育人氛围。

腹有诗书气自华，淑女必书女。妈妈无论多忙，手边都会有一本书。即便在紧张的工作压力下，妈妈也坚持读书。她的书看完，也会建议我翻阅一遍，还会将报纸上刊载的美文剪下给我阅读。真正的淑女，有着闻过书香的鼻、吟过诗词的嘴、看过字画的眼。妈妈爱书，喜诗，乐字画，已经塑造了她窈窕淑女的形象。妈妈这份如兰的气质，得益于书香在岁月里的沉淀。若有诗书藏在心，岁月从不败美人。

妈妈还教给我养心比养颜更重要。闲暇之际，她会在家里沏一壶茶，放着舒缓的慢音乐，在沙发上稍作休憩；也时常在家里摆一些气质挺拔的植物，或是做个瑜伽，炒一份新鲜的饭菜。这些小事对心灵的浸润，是缓缓的溪流流淌在山间的沟壑，是温暖的日光沐浴于草原，是一种圆润细腻的变化，是一种宜人香人的气味。用充实的方法养心，也是淑女必备的生活方式。

淑女作品

妈妈在河南省国税系统摄影大赛中获奖的作品。

探究活动

女人是要嫁得好，还是学得好呢？女子要积攒哪些"资本"才能完胜人生呢？

淑女小贴士

餐桌礼仪

1. 入座时应请长辈先坐、女士先坐、客人先坐，待别人坐定后，自己才可入座。

2. 与父母及家人一同就餐时，等长辈先拿碗筷后，自己再拿碗筷；做客时，主人未示意开始，不要动筷；自己先吃完饭时，应礼貌地叫他人"慢用"；做客时，主人未示意结束时，客人不能先离席。

3. 就餐要文雅，要细嚼慢咽，不能发出不必要的声音或边吃边说。正确使用筷子，忌敲筷、掷筷、叉筷、插筷、浑筷、舞筷。喝汤要用汤勺舀到小碗内，用汤匙送到嘴里，不要将汤碗直接就口；切不可口对着热汤吹气；喝汤不能发出响声。

4. 不挑食、不剩饭、不独食。父母给自己做好吃的，要让父母先尝或给他们留一部分。别人给自己添饭菜，要说"谢谢"；不需要时，应说"谢谢，我真的不需要了"。主动给长辈添饭加菜。

5. 用餐完毕，应帮助父母收拾好碗筷，擦洗餐桌。

卷舒开合任天真——姐姐

推荐人：李光锐　深圳市可园学校

我的姐姐名叫赵诗韵，是一位当之无愧的淑女。

为什么这么说呢？因为我的姐姐不仅多才多艺，而且善解人意，能够做到设身处地为他人着想。姐姐不仅对绘画有所研究，还在古筝方面颇有建树，甚至连书法都略有研修。夸张一点说，姐姐可以说是琴棋书画样样精通。但是，没有什么能力的得来是不需要付出努力的。这些耀眼的光环后面，姐姐付出的努力、挥洒的汗水、流下的泪水都是旁人难以想象的。

　　首先是绘画方面。姐姐在很小的时候就已经对绘画产生了浓厚的兴趣。但是，那时的姐姐并没有想到要完成自己心中的梦想，就必须承受比想象多出千百倍的痛苦和压力。一开始，姐姐只是把几本绘画书的知识融会贯通，然后简单地临摹一些人物。随着绘画的难度不断增加，尽管姐姐依旧在努力，但进步越来越小。为了追求进步，姐姐已经到了一种走火入魔的地步，无时无刻不在画画。虽然实现梦想的路无比曲折，但是姐姐已经可以做到无视玩乐的诱惑，沉下心来研修绘画，直到今天。

　　姐姐在研习绘画的同时，对古筝的练习也很上心，甚至因为学业的繁重而将大部分的假期时间都献给了绘画和古筝。有很多人对姐姐无休无止地努力感到十分不解，怎么都想不明白她为什么会有这么强大的定力十年如一日地坚持了下来。对于绘画，姐姐的动力是自己对它的钟情。但对于古筝，姐姐不只是发自内心的喜爱，更有一种至高无上的责任感。

　　姐姐善解人意，孝敬长辈。她原本并不喜欢古筝，但爷爷对古筝极其痴迷。爷爷偶然之间发现她在这方面拥有令人惊叹的天赋，想让姐姐放弃绘画，转而全力学习古筝。那时候，姐姐对绘画极其喜爱，但对古筝却毫无感觉，所以直截了当地拒绝了爷爷。姐姐看见一向开朗健谈的爷爷一直坐在藤木摇椅上一言不发，心中也很过意不去，便和爷爷打了一个赌，赌她可以同时兼顾绘画和古筝。自这之后，爷爷便将自己的技艺和经验毫不保留地传授给了姐姐。尽管同时研修两样技艺非常辛苦，但姐姐坚持了下来，并在香港举行的古筝比赛中拔得头筹。姐姐作为冠军站在领奖台的那一刻，爷爷高兴地笑了，古筝的天籁之音终于后继有人了。

姐姐不仅对于学习才艺有着超常人的意志力，更在日常生活中很体贴地关心他人、善解人意。因此，我认为姐姐是一位当之无愧的淑女。

淑女名片

坚韧不拔　善解人意

在刻苦修习绘画和古筝的道路上，姐姐遇见了很多的阻碍和诱惑，但是她并没有放弃，面对再多困难，她都怡然不惧地往前冲。所以，我认为姐姐是一个坚韧不拔的人。

在日常生活中，无论是人情世故还是日常琐事，姐姐都会关心他人的状态，不会过多地麻烦别人。为了完成爷爷的心愿，她努力学习古筝，继承了爷爷的衣钵。

探究活动

琴棋书画是淑女的必修课。你有什么才艺吗？不妨拿出来欣赏品鉴一下，比一比谁的才艺好。

淑女应该注意仪容仪表

1. 着装要求：符合《中学生守则》和《中学生日常行为规范》的要求，反映出一个人的修养、气质与情操。

2. 衣着整洁：始终保持衣着整洁，佩戴红领巾和校徽；同学间不攀比；在校期间按要求穿礼服或运动校服；参加重要的集会时按要求穿规定的服装。

3. 发型规范：应以短发或扎辫子为宜，不披头散发。

4. 学校禁忌：严禁学生戴首饰；严禁学生穿高跟鞋、拖鞋、短裤、背心上学；课堂上不敞衣脱鞋。

5. 个人卫生：勤剪指甲，早晚刷牙洁面，常更衣换鞋，注意个人卫生。

淡淡梅花香欲染——妈妈

推荐人：陈丹蕾　深圳市可园学校

　　现代女性不一定具有"媚眼含羞合，丹唇逐笑开"的倾国倾城之貌，但她们独立自强、勤俭节约、心地善良，传承了东方女子的美，弘扬了中华民族的品德。这便是淑女美德。

但作傲骨梅

　　妈妈读书时家境富裕，可以说是衣食无忧，完全不必担心经济的问题。可就在这个正该享受的年纪，妈妈的家中发生了极大的变故——破产。一夜之间，她仿佛从天堂落

入地狱，十九岁便放弃了读书的机会，背着家中的债务独自来到他乡为生活谋出路。谁都不曾知道她的寂寞与孤独。也许她曾在无人的夜晚望月思乡，也许她曾在工作中遇到重重困境却缄口不言，但所有坚冰都在她异于常人的意志下融化了。傲梅只在雪中绽放，而暴风雪后终究迎来初春的繁荣。正因为父母的奋斗，才有了我今天的生活。傲梅会将那香气世代相传，成为家风。

节俭是家常

妈妈从不浪费一粒米、一块布。古人云："由俭入奢易，由奢入俭难。"虽然家中的每顿饭都是丰盛的，但是妈妈每次都独自一人将剩菜剩饭吃掉，把新鲜的饭菜夹给我们。要是剩下了太多饭菜，妈妈便把饭菜拿去喂鸡和捡来的猫。有时洗碗剩下的水我要倒掉，可她却说："留下留下，这还能浇花呢，多浪费。"有时别人裁衣服剩下的边角料她也会留下，缝缝补补、拼拼凑凑又是一件精致的布艺品。妈妈只是众多勤俭女性之一，正是这种中华民族独特的美让世界更美好。

独立自主 百折不挠 克勤克俭 谨行俭用

母亲十九岁便独自离开家门，来到陌生的城市打拼，为生活谋出路，为家庭分担经济困难。她从不抱怨生活中出现的阴天，而是努力在雨后创造彩虹。闲暇之余，她会为我们裁剪合身舒适的衣物。闭上眼，满是她坐在缝纫机前辛勤工作的样子。

茶艺。

承担家庭责任也是每一个孩子的义务。请列出一个消费清单，罗列父母对自己的投资项目，制定一个感恩计划，早日为家庭做出贡献。

校园礼仪

1. 在校道上遇见老师主动停下，微微鞠躬或点头问好；进出校园及上下楼梯靠右行，给老师让行；遇见两个以上的老师，问"老师们好"。

2. 称呼老师要用尊称，不直呼姓名。

3. 见到来宾应面带微笑主动问"老师好"，分别时说"再见"。

4. 进办公室要喊"报告"，听到"请进"后方可进入；问老师要用"请问"，老师答后要道谢，说"再见"后再离开；不随便翻阅老师办公室的东西；不私自打开老师的电脑；办公室无人时，学生不能随意进入。

5. 与老师交谈时，要起立并主动给老师让座，双目凝视、认真倾听；对老师的指点、教诲、帮助，应表示感谢。

6. 指出老师的错误要有礼貌，并要注意场合；给老师提意见，必须从善意出发，以商量的口气，不要咄咄逼人，应该给老师留有修正的余地。

7. 虚心听取老师的教诲，接受师长的教育，态度端正；对老师说实话、真话，不欺骗老师；珍惜老师的劳动成果，按时认真完成老师布置的各项任务；服从老师管理，不顶撞老师；如果有自己的看法或见解，应选择合适的方法诚恳地与老师交换意见。

8. 与老师交朋友，听从老师的教导，有错即改，日益精进；老师家访应恭敬地出门迎接，热情接待，老师与家长交谈时应礼貌地回避，家访结束后应送行至门外；向老师表示节日的祝福。

细酌倩影韵诗篇——妈妈

推荐人：陈芷茵　深圳市可园学校

　　妈妈虽然只是一个平凡的女人，但她的生活不是枯燥无味的。妈妈用她那独一无二的生活态度，为她的人生道路增添了无限的风光，让她的淑女形象永留在我的心间。从她身上，我看到了对生活的认真、热爱和从容，还有骨子里散发出的温柔……

淑女故事

　　"妈妈，你不觉得这样的生活很累吗？"我歪着头看着正在电脑前工作的妈妈，突然开口问道。

　　妈妈笑了笑，细不可辨的皱纹悄悄地爬上她的眼角。她伸手揉了揉我的头发："不会，因为我有我的生活态度。"说完，她的视线就移到了远方，似乎在寻找着什么。

妈妈只是一个平凡的女人，家庭和工作是她的全部，两点一线的枯燥生活似乎没有尽头。她的工作只是普通得不能再普通的幼儿教师——一份薪酬和社会地位都不高的工作，妈妈却把它当成终身事业来经营：白天带着一群孩子蹦蹦跳跳；晚上还埋头电脑前写各种教案、观察记录、计划和总结……只要说起幼儿园的孩子，

她的眼里都会闪烁出特别的光芒，连我都常常吃醋："你就喜欢你班上的小朋友，不喜欢我！"妈妈听了总会笑笑："我怎么会不喜欢我的宝贝呢？"但我心里还是觉得不对味。

记得有一次，妈妈为了参加比赛而在家苦练舞蹈。突然，一个巨大的声响传来，我一路小跑到书房，看到她因为模仿电脑上的舞蹈而不小心摔了跤。看到我惊愕的表情，她抱歉地笑着说："对不起啊，吵到你了。妈妈下周要参加教师技能比赛，得练好这段舞。"我望向电脑，只见上面正播放一段优美的古典舞。那段古典舞比较有难度，对于她来说，一个星期是不可能练好的。看着妈妈因为练习一个转身而一次次摔跤，但依然锲而不舍，两个膝盖都摔红肿了。我不由地心痛埋怨："幼儿园那么多年轻老师都没报名，你一个老教师还逞什么强？"妈妈淡然一笑："人一定要有终生学习的态度，生活才会越过越精彩。"

一直以来，妈妈都比较爱阅读。她书柜上的书籍分两类，有她喜欢看的小说类，也有难啃的工具书。每次我写作业的时候，她总是在一旁捧着一本书津津有味地阅读，读到有趣时忍不住跟我分享。我俩会根据各自的观点嬉闹讨论一番。她经常说："你不进步就等于退步。当每个人都在努力的时候，你需要的是更加努力。读书不是为了考多少分，而你读过的书一定会刻在骨子里，让你更有价值。"妈妈的话一直停留在我脑海里，我恍然大悟她为什么喜欢工

作。因为那是她体现价值的地方，是她展现生活态度的地方啊！她对待生活永远都是那么乐观、那么幸福，这不也是她的生活态度么？

淑女名片

自信乐观　享受生活　无私奉献　不甘平庸　积极进取

妈妈的一言一行、举手投足间正潜移默化地影响着我的一生，她用她的生活态度告诉了我什么是认真和坚持，以及我们为什么要不断进取。正像丘吉尔所说的那样："一个人不在于他喜欢做什么，而在于学会喜欢他正在做的事情。"生活也正是如此。在一成不变的生活中，唯有像妈妈这样拥有自己的生活态度，坚持自己的一番事业，并积极向上地去面对它，才能把平庸的生活演绎出不一样的人生，让生命更加鲜活多彩。

舞蹈和烹饪。

探究活动

人不是因为美丽而可爱，而是因为可爱才美丽。女性美都有哪些呢？我们总结梳理一下吧。

西餐桌上的礼仪

在欧洲，所有跟吃饭有关的事都倍受重视，因为它同时提供了两种最受赞赏的美学享受——美食与交谈。除了口感精致之外，用餐时酒和菜的搭配、优雅的用餐礼仪、调整和放松心态、享受环境和美食，正确使用餐具和酒具都是美食的必修课。

要注意的是，在西方，去饭店吃饭一般都要事先预约。在预约时，有几点需要特别注意说清楚：首先要说明人数和时间；其次要表明是否要吸烟区或视野良好的座位；如果是生日或其他特别的日子，可以告知宴会的目的和预算；在预定时间到达是基本的礼貌，有急事时要提前通知取消定位，并且一定要道歉。

再昂贵的休闲服也不能随意穿着去高档西餐厅吃饭，穿着得体是欧美人的常识。去高档的西餐厅，穿着要整洁。女士要穿礼服或套装和有跟的鞋子；因为餐厅内的光线较暗，女士化妆要稍重；如果指定穿正式的服装的话，男士必须打领带。进入餐厅时，男士应先开门，请女士进入，应请女士走在前面。入座、点酒都应请女士来决定。

霜叶红于二月花——外婆

推荐人：黄文静　深圳市龙岗区可园学校

　　"美德是人类不可缺少的品质，还是世上唯一永远不凋谢的花朵。"这是英国狄更斯曾说过的一句话。在我的生活中，有一位伟大的女性把淑女美德很好地诠释了出来，她就是我的外婆。

孝

　　外婆的弟弟、妹妹特别多。她小的时候不仅要帮外曾祖母干很多粗活，还要照顾弟妹。直到她老了，内心还长留着一份孝心。每次外曾祖母去她家，外婆总是要杀鸡宰鱼来款待。外曾祖母的年事已高，牙齿不好。于是，外婆总是把鸡焖到最熟，并且挑最软、最好吃的夹给外曾祖母。外曾祖母嚼得慢，外婆也陪着她一起慢慢吃。外婆说："这样慢下来的时光，才是最珍贵的。"听妈妈说，外公的妈妈还在世时，外婆每次炖鱼汤、鸡汤都要先给她盛一碗。她知道太奶奶吃东西不方便，所以经常炖汤给她喝。现在外婆的年龄也大了，可她仍然事事亲力亲为，尽心照顾家中年迈的长辈。外婆常说："家有老，才是宝。"

善

外婆一直生活在农村。村里有一位跟外婆年纪相仿的婆婆，年轻时非常强势，不是跟这家斗就是跟那家斗，跟外婆的关系也不好。后来，那位婆婆住进城里，就很少回到村里。有一次，那位婆婆回村里办事，外婆回家正好路过她家，就走了进去。正午的太阳早已高高挂在空中，炙烤着大地。而婆婆由于很少回家，家里没有新鲜蔬菜，只能吃菜干了。外婆说："只有干巴巴的菜干哪里吃得下？"随后，外婆回到自己的菜地里摘了一大捆青菜，还有几根鲜嫩的黄瓜和自家的

鸡蛋给婆婆送去。"新鲜的，自己家的！下次回来就到我这来！有伴！"外婆和颜悦色地说道。外婆的不计前嫌使曾经关系紧张的两人成了好朋友。

勤

每次回老家，我们必定要去外婆家吃饭。菜全都是她自己种的，是她辛勤劳动的成果。我们一大清早来到外婆家，没想到她已早早起床，并为我们准备了早饭。随后，她开始打扫院子及收拾房间，接着去鱼塘给鱼喂饲料，然后给鸡、鸭、鹅喂食，并且带着它们出去"遛弯"。中午，她又回来烧饭、炒菜。吃饭时，我抬头望见外婆年轻时乌黑的秀发已全然褪去，满头的银发好似寒冬中的白霜，无情地夺去外婆曾经的韶华。她脸上条条皱纹，好像一波三折

的往事；微微下陷的眼窝中，一双深褐色眼眸悄悄地诉说着岁月的沧桑；那双厚重的大手已皲裂，表皮已老到发皱，一条条蜈蚣形的血管隆隆突起，粗糙表皮之下笼罩着满是伤痕的手掌心；指甲也慢慢褪去，一些黑黑的污垢在指甲缝里越陷越深。看到这些岁月的痕迹，我的心境伤感而无助。午后，外婆打了会儿盹，便去割鱼草、修杂草。太阳落山前，她要去砍柴，还要不定时地给菜松土、浇水。外婆每天都做着同样的工作，在我看来很累的工作，她却觉得很快乐。她经常说："我吃自己种的菜，自己养的鸡和鱼有什么不好？我不跟你们去城里住！"

夕阳中，外婆步履蹒跚地走着，不时用手扶着腰，时而又咳嗽几声，让人总想去搀扶她一把。外婆扛着锄头的身影在余晖中渐行渐远，而我的内心却多了一份伤感。落叶飒飒的响声，把我带入了回忆之中。往事像电影一样慢慢回放着，摇曳在我的思绪之中。

虽然外婆看起来没有淑女的美好形象，但是她拥有淑女的美德。素年锦时，几十岁消逝。平凡朴素，有着女性的独特魅力。每当泣血的残阳在高耸的大楼上投下层层斑驳的光影时，我都好像看到外婆的身影在浮动着。她已年过六十，但在我心中，外婆永远是那个可敬可爱、当之无愧的淑女。

这就是我心中的淑女——平凡而伟大的外婆。

孝顺　善良　勤劳

外婆从小就很孝顺。她是家里的老大，很小的时候就开始干粗活，照顾弟妹。直到现在，她对家中长辈一如既往地悉心照顾着。她心地纯洁、纯真温厚。勤劳是中华民族的传统美德，也是评判一个女性是否为淑女的标准之一。淑女不是矫揉造作，而是勤劳、干活麻利的人。

浓郁风味的家乡菜是外婆的拿手好戏。

奶奶和外婆，看起来又土又丑了，找出她们年轻时的照片，回忆一段家庭故事，有没有感动得掉眼泪呢？

待客做客礼仪

1. 客人来访，要事先准备，把房间收拾整洁；迅速开门或主动到门外迎接客人，热情与客人打招呼；如果客人手提重物，应主动帮忙；对长者或体弱者可上前搀扶。

2. 进入室内后，一般请客人坐在最重要的座位上，然后拿茶水、糖果招待；冲泡茶时首先要清洁茶具，每杯茶斟以杯高的2/3为宜；敬茶应双手捧上放在客人的右手上方，先敬尊长者。

3. 之后，及时与客人交谈（寒暄），不冷落客人；假如客人有事要求与父母交谈，则应主动回避；父母不在家，非常熟悉的客人才迎进门；对陌生的来客，可借故请其改日再来。

4. 接待老师应像接待长辈一样热情庄重；父母的朋友带孩子来访，应同小孩一同玩，和他们一起看书、听音乐、看电视。

5. 自己的同学、朋友来访，应热情迎接，给父母逐个介绍，然后把最佳座位让给客人，可用茶水、水果、图书等招待；吃饭时，同学或朋友来访，应主动邀其一起用餐，如果客人申明吃过，先安排朋友就座，找些书报或杂志给他看后再接着吃饭。

6. 客人提出告辞，通常要婉言相留，等来客起身后再起步送至门外，并说"请慢走，欢迎您再来"。

7. 选择适当的时间，最好事先同对方约定时间。

8. 做客时穿戴要整齐，仪容要整洁。

9. 进门前要按门铃或轻轻敲门，待有回音或有人开门后方可进入。

10. 主人斟茶或给糖果，应起立双手接过，并说"谢谢"。

11. 不可与小伙伴一起忘情嬉闹，不可随便进入大人的卧室和乱翻别人的东西；不经主人允许，不可随意动用主人家里的东西，即便是至亲好友也应先打招呼，征得主人同意后才能动用。

12. 如果在主人家用餐，要注意用餐礼仪，不能抢先入座，不能先动食物。

13. 离开亲友家时，要郑重其事地告别。

从先秦到现代，从历史到舞台，我们认识了一个个美女子、才女子。淑女指既有传统美德，又不失现代社会价值的女子。在仪容搭配、言行谈吐、行为习惯、家庭教养以及文化领悟能力等方面，她们都表现出一种符合中华伦理的女性魅力，着意突出女人纯真与善良的修为。淑女是新文明、新文化、新时代背景下产生的女性。

现代淑女不必工于女红，不必笑不露齿，但她们仍然应该是娴静、温柔、优雅的，举止形态是中规中矩的。淑女在本质上是一种风度。

说说淑女礼仪

淑女气质和风范的含义绝对不等同于中国传统意义的礼教名词，它是新的历史条件下，女人在仪表、谈吐、举止、思维和行为习惯上一种独具中国特色的女性魅力，真正表现出女人纯洁、温柔、真挚的人格魅力。

一、淑女的定义

淑女首先在气质上要体现优雅。淑女要真正做到谈吐优雅动人，在拥有永恒的微笑和磁性声音的同时，必须铭记与人谈话的禁忌和交谈中的避讳。

二、淑女社交礼仪

世间没有十全十美的人。凡人皆有长处，也难免有短处。人总是有自尊心的，往往不愿别人触及自己的某些缺点、隐私等。因此，在人际交往中，讲话人须讲求避讳，涉及谈话对象一些敏感的、特殊的事情时，应多为对方着想。

三、淑女禁忌

1. 打断他人的谈话或抢接别人的话头。

2. 忽略了使用概括的方法，使对方一时难以领会你的意图。

3. 注意力分散，使别人再次重复谈过的话题。

4. 连续发问，让人觉得你过分热心和要求太高，以致难以应付。

5. 对待他人的提问漫不经心，使人感到你忽略和轻视对方。

6. 随便解释某种现象，轻率地下断言，借以表现自己是内行。

7. 避实就虚，含而不露，让人迷惑不解。

8. 不适当地强调某些与主题风马牛不相及的细枝末节，使人厌倦，感到窘迫。

9. 当别人对某话题兴趣不减时，你却感到不耐烦，立即将话题转移到自己感兴趣的方面去。

10. 将正确的观点、中肯的劝告佯称为是错误的和不适当的，使对方怀疑你话中有戏弄之意。

11. 生理上的缺陷。说话时都要避开人的生理缺陷，不得已采取间接表达方式。如对跛脚人应客气说："你腿不方便，请先坐下。"

12. 家庭不幸，如亲属死亡、夫妻离异等，如果不是当事人主动提及，不宜唐突说起。

13. 在为人处事方面的短处、不体面的经历和现状，都是不希望他人触及的敏感点。

14. "入境而问禁，入国而问俗，入门而问讳。"这对于社交成败至关重要。

身为淑女，跟别人说话时注意避讳，其实是理解人、尊重人、讲文明、有修养的表现，应尽量避免不愉快产生，人人皆大欢喜。事实证明，淑女优雅动人的谈吐，会有助于社交，有助于体现淑女的个性美，会为她的美丽平添几分姿色。

探究活动

你来主持一个谈话节目，邀请同学做嘉宾，看看能不能调动嘉宾积极性，主动参与话题。注意你的社交礼仪哦。

完美淑女小攻略

1. 站姿一定要挺。抬头挺胸收腹，头别仰上天。不管在哪里、哪种场合，只要是站就要保持这种形态，长久下来就会形成一种习惯。如果站不出那种效果，应回家练习，脚跟、臀部、两肩、后脑勺贴着墙，两手垂直下放，两腿并笼做立正姿势站上个半小时，天天如此，相信你一定站出那种效果来。

2. 坐姿一定要雅。上身要正，臀部只坐椅子的三分之一，腿可以并笼向左或向右侧放，也可以一条腿搭在另一条腿上，两腿自然下垂。但切忌不能两腿叉开，腿也不能翘椅子上。如果你还没习惯的话，就利用学习中休息的时间来锻炼一下自己。

3. 走路要抬头挺胸收腹，别总是低头数自己的脚指头。走在路上就把路当自己的T型舞台，但也不是要走得横行霸道，要走得旁若无人、目不斜视，走出自己的气势，不要急步流星，也不要走得生怕踩了路上的蚂蚁，要不快不慢、稳稳当当。臀部的扭动更显身姿，但不要上身全跟着动起来，给人看上去轻浮感。两手垂直，轻轻前后摇摆，不是走军姿，也不是走正步，要自然。

4. 还有一点要注意的就是服装了。不一定非要是名牌，但是一定要适合自己的年龄、身材，要穿出自己的个性。淑女要尽量打扮得简单优雅。

5. 自信是最美丽、最优秀的。要微笑，不要呆若木鸡，也不要笑得花枝乱颤。做不到笑不露齿，那就轻轻上扬一下嘴角。最重要的就是眼睛，听别人说话，或者跟人说话时一定要正视着对方，不要左顾右盼。记得有本书上说女人的眼睛是她心灵的一道闸门，那就好好利用这道闸门，把自信表现出来。

6. 最重要的东西就是要有修养、有内涵。气质由心生，保持自己一颗纯洁善良的心。用培养气质来使自己变美的女子，比用服装和打扮来美化自己的女子，具备更高一层的精神境界。

那么，怎样才能修炼出良好的气质呢？懂得如何发挥自己的优点及克服自己的缺点，便可使魅力大增。

第一，要接受自己的面貌。每一个人在性格或外貌方面都有其独特的气质和优点，懂得如何加以发挥，便可增加吸引力。

第二，对别人给予信任和关心，这是最具吸引力的气质之一。对别人关心体谅，将会获得同样的回报，别人将会为此种气质而折服。

第三，仪态端庄，充满自信。一个步姿洒脱、意气风发、充满自信的女性最能吸引别人。

第四，保持幽默感。一个懂得在适当的场合和适当的时间展露笑容或开怀大笑的人，定能受到别人的欢迎。

第五，不要惧怕显露真实情绪。不论什

么样的喜怒哀乐、柔情蜜意，都不应加以隐藏。一个经常压抑、掩藏情绪的女子会被视为冷漠无情，因为没有人会喜欢和一座冰山交往。

第六，不要斤斤计较。女性在交往中要心胸开朗，豁然大度，千万别小心眼、小家子气。不要为一点点小事就大动肝火、斤斤计较，甚至在许多场合弄得大家都非常难堪而下不了台。

第七，不要自视清高。在社交中，不能因为别人与自己脾气不同、身份有异，就显示出不耐烦或瞧不起别人的样子。当然也不要因自己的职务、地位不如人家，或长相一般、服饰不佳而过分谦卑，要落落大方、不卑不亢。

第八，不要忽视仪表。作为女性，在社交场合必须注意仪表的端庄整洁。在社交活动时，适当地修饰与打扮是应该的，切忌疲疲沓沓、不修边幅。

读最灵的诗，

听最美的音乐，

做最好的自己。

女孩子要提升自己的气质，除了穿着得体、说话有分寸之外，还要不断提高自己的知识、品德、修养。

1.多读些书。

2.多练芭蕾、瑜伽。

3.多接近气质好的人。

4.营造一个好的生活环境。

策划一个淑女大赛，包括仪容仪态、特长展示、知识问答、最好美德等方面，选出班上最美淑女来。

淑女的内在美

1. 通情达理

这是淑女温柔的最好表现。温柔的淑女对人一般都很宽容，她们为人很懂得谦让，对别人很体贴，凡事喜欢替别人着想，绝不会让别人难堪。

2. 富有同情心

这是淑女的温柔在待人处世中的集中表现。对于弱者、境遇不佳者、老人、小孩和病人，淑女都应表现出应有的同情，并尽可能设法去帮助他们。

3. 吃苦耐劳

这是东方女人的传统美德，特别表现在家庭生活方面。

4. 善良

对人对事都抱着好的愿望，喜欢关心和帮助别人，对家人尤其是子女会表现出更多的关爱。让人心动的不是一个淑女做出了多么惊人的业绩，更多的情况下是那种适时适地的细心关怀和体贴，最叫人怦然心动。吃东西弄脏了手，她备好纸巾递上；衣服扣子掉了，一向细心的她正好带着针线……虽然都是些小事，却于细微之处充分体现淑女的温柔和魅力。

5. 性格柔和

绝对不会一遇不顺的事就暴跳如雷或火冒三丈。以柔克刚，这是淑女的最高境界。到了此境界，即使是百炼的钢铁也能被化作绕指柔。

6. 不软弱

现代淑女温柔，但决不软弱。温柔是一种美德，是内心世界有力量和充实的表现，而软弱则是要克服的缺点，二者不可混淆。作为一个淑女，应当通过学习，通过认识自己、认识社会和切身体会等途径，培养自己的温柔。温柔对于一个淑女来说，是其生活和工作中的最好的特性，既有助于独立地生活于社会中，又能拥有迷人的气质。

探究活动

你觉得自己和最好的朋友的外在美和内在美怎么样呢？请来夸夸自己和朋友吧。

淑女养成计划

1. 按时起床，准时进教室。

理由：守时是一种优秀的品质，守时的习惯有益终生。

2. 课堂上老师提问，懂了则要洪亮地把自己的理解告诉老师，如果不懂或者不明白，也要如实告诉老师。

理由：教学需要反馈。如果不回答，老师很难弄清学情，无法帮助老师教学，也无法提高学生的学习能力。

3. 不论何时，老师布置的作业都必须完成。

理由：学生做作业是义务，毫无条件可讲。

4. 桌箱里的东西必须分类整理，不能随意散放在桌面上。

理由：学会分门别类地整理自己的东西对今后的工作有很大的帮助。

5. 利用课间检查收拾自己周围的卫生，放学离开教室时，每个人都要收拾自己的地盘并将椅子放在桌子上面。

理由：养成自己的事情自己做的习惯。

6. 用水、吃饭注意节约，不可贪多造成浪费。用餐时保持安静，举止文明优雅，餐毕收拾自己的食物残渣。

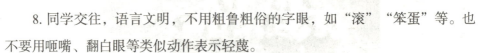

理由：无论在哪个时代、哪个国家，浪费都是可耻的行为。文明用餐会让你成为一个优雅、有气质的人。

7. 同学之间不得互相埋怨指责，如对方有错或者失措，必须友善地进行鼓励或者安慰。

理由：埋怨只会增加双方的恶感，导致人际关系恶劣，而且于事无补。

8. 同学交往，语言文明，不用粗鲁粗俗的字眼，如"滚""笨蛋"等。也不要用呱嘴、翻白眼等类似动作表示轻蔑。

理由：文明不是文字，它是具体的行动，首先从清洁语言开始。文明的人不应该有不文明的举止。

9. 老师、同学说话要认真倾听，同时注视着说话人的眼睛，不时点头表示你在认真听。自己说话时，必须看着听话人的眼睛。别人说话时，不从中打断。

理由：倾听，是现代社会必备的优秀素质。学会尊重才会获得尊重。

10. 咳嗽、打喷嚏、打嗝时，得体的做法是别过头去，并用整个手掌掩口，不要手握拳，然后说声"对不起或抱歉"。

理由：但凡不文明的行为都要懂得给别人说声对不起，那是文明的体现。

11. 如果有人撞到你，即使不是你的错，也要说声"对不起"。

理由：这是一种巧妙的应对，也是化解矛盾的明智之举。

12. 课间不可在教室或走廊等公共场合奔跑、打闹。

理由：一是容易造成安全事故；二是给人不文明、素质低下的感觉。

13. 全校聚会时，像小战士一样，身姿挺拔、目光有神、不随意说话、不东张西望。

理由：自爱、自重就体现在这样的细节上。

14. 文明排队，不插队。如果有人在你前面插队，也不要说什么或做什么。

理由：不良的习惯即使别人有，自己也要力争没有。

15. 如果班上有同学赢得比赛，或有什么出色的表现，大家都应该鼓掌恭喜他。鼓掌应该持续至少三秒，手要拍出响亮的掌声。

理由：学会鼓励，才会对自己进行激励。

16. 如果有任何同学找你麻烦，要让班主任知道。

理由：因为是班主任，所以应该照顾和保护学生。

17. 不论什么情况，一定要诚实。自己做错了，必须认错并赔礼道歉。

理由：一个敢于认错的人才会敢于改错。

18. 双手递送或接受老师、家长等长辈手中的物品。遇到老师或长辈，要主动称呼。大人问你话，你一定要清楚回答"是，不是；好，不好；有，没有"，或说"我不知道"。不能光是点头或摇头，也不可以含糊答"哦"或"嗯"。

理由：从小养成这种礼貌的习惯，长大之后受用无穷。

19. 随时为别人做一些小小的贴心服务，带给别人一个小惊喜，至少一个月一次。

理由：你给了别人多少，别人也会给你多少。

20. 回家或离家一定要与父母打招呼，或说"妈妈、爸爸，我走了"，或说"妈妈、爸爸，我回来了"。

理由：父母是自己最亲近的人，我们应随时让他们放心、安心、开心。

以上20条你可以做到吗？设计一个打分表，按照百分制给自己打分，你是合格的小淑女吗？给自己制定一个淑女养成计划吧。

第六辑

浓妆淡抹的淑女妆容

"云想衣裳花想容，春风拂槛露华浓。若非群玉山头见，会向瑶台月下逢。"

这首诗是唐朝诗人李白赞美杨贵妃的美艳而作，诗中描写杨玉环的绝世容颜和华丽服饰如同仙女一般。

青春期的女孩子更爱美。做有独特气质的中国古典淑女，当然要了解我国女性的美女妆容了。

唐朝和清朝，是我们中华民族的鼎盛华年。直到现在，"唐装""格格装""旗袍"这些带有中国元素的服装还是淑女们的最爱。让我们穿越时空，演绎一下中华服饰美吧。

开放包容多元美，大唐风范青史垂

——唐朝盛妆

唐朝是我国古代最开放和繁盛的王朝之一。那个时代的女性敢于追求男女平等，她们的装扮也体现出了那个朝代开放、包容和繁盛的特点。下面，让我们一起来探寻唐朝女性之美。

一、服装篇

唐朝是我国封建社会政治、经济、文化高度发展时期，丝织、漂染技术有了极大提高，加上对外开放以及丝绸之路的开通，中西结合，相容并蓄，使唐朝的服饰华丽清新，充满大唐风范。

关于唐朝的女性时尚。有史书记载称"风俗奢靡，不依格令，绮罗锦绣，随所好尚""上自宫掖，下至匹庶，递相仿效，贵贱无别"（《旧唐书·舆服志》）。现今存留的壁画也印证了这些记载。

当时服饰的特点是袒胸、长裙、宽衣大袖；没有纽扣而系腰带；裙子的线条流畅而优美。初唐时期以窄袖为主，盛唐则流行紧衣窄袖，至晚唐时期从窄袖又变为半宽袖。色彩沿袭了南北朝的遗风，以红、紫为主。另外，在宫廷中开始流行黄色，并作为宫廷内廷官服之色，后来唐高宗禁止臣民穿用，成为历代封建最高统治者的专用色彩。而在历代服装服饰中，唐朝在款式、色彩、装饰、面料等方面都堪称精美之极。总之，唐朝女性服饰的特征是浓艳、大胆、奢华、雍容大气、标新立异，这些特征显示出唐朝的繁盛、包容和开放。

也许是李唐王室带有鲜卑血统，"胡化"尚武，并影响了审美观；也许是农耕文明产生的审美与富裕的物质基础相遇造成的一种必然——唐代崇尚浓丽丰肥之美。赏花要赏牡丹，马也要腿粗臀部大，人亦是"尚丰肥"。女子为了使自己显得更丰满，往往将裙子做得很宽大，六幅、八幅、十二幅，还要将腰身提高到腋下，这样整个人不见腰身，几乎像一个灯笼的外形。杨贵妃这个特殊人物的出现，玄宗对她的宠爱更是推波助澜，使"以肥为美"达到顶峰。唐朝盛行的服装——襦裙就体现了这种审美观。

唐朝襦裙

唐朝女装以窄袖衫、襦配长裙最为盛行。窄袖衫、襦配长裙的基本构成是裙、衫、帔。正如孙机先生在《中国古舆服论丛》中指出："唐代女装无论丰俭，这三件都是不可缺少的。"最初是流行了相当长时间的条纹裙，这从陕西三原唐李寿墓壁画以及西安白鹿原原43号初唐墓的女俑可以看出。到了盛唐，曾经主流的条纹裙渐渐销声匿迹，各种色彩浓艳的裙子登上时尚舞台的中心。裙子的颜色十分鲜艳，主要以红、绿、黄为多，此外还有紫、青等色。从材料来看，则有绸裙、纱裙、罗裙、银泥裙、金缕裙、金泥簇蝶裙、百鸟毛裙等。

盛唐服装

二、妆饰篇

"城中好高髻，四方高一尺。城中好广眉，四方且半额。城中好大袖，四方全匹帛。"《后汉书》中长安时谚说明唐朝的女性妆容喜欢高髻、阔眉。

白居易《长恨歌》里有描写杨玉环的妆容"云鬓花颜金步摇"。唐朝女性发髻式样很多，有云朵髻、孔雀开屏髻、盘桓髻、双环望仙髻、半翻髻、反挽髻、乐游髻、愁来髻、百合髻、蹄顺髻等。

盘桓髻

孔雀开屏髻

云朵髻

双环望仙髻

唐朝的眉式亦是多种多样，当时最流行的是阔眉、八字眉等眉形。额眉间的妆饰，如"花钿"（用金箔片等材料剪成小花贴在面部），便很有特色。

黛眉（八字眉）　　　　　　　阔　眉

花钿（装饰额头）

　　唐朝的妆饰已然成配套之势，是由发型、唇色、眉式、面色等构成的整套妆饰。新创的面妆有泪妆，是唐朝长庆年间京师妇女中流行的一种面妆，以丹紫涂染于眼眶上下故名。此外，还有一种面妆名"北苑妆"。这种面妆是缕金于面，略施浅朱，以北苑茶花饼粘贴于鬓上。这种茶花饼又名"茶油花子"，以金箔等材料制成，表面缕画各种图纹，流行于中唐至五代期间，多施于宫娥嫔妃。也有将茶油花子施于额上，作为花钿之用的面靥，又称妆靥。靥指面颊上的酒窝，因此面靥一般指古代妇女施于两侧酒窝处的一种妆饰。在盛唐以前，多以胭脂或颜料做两颗圆点，点于嘴角两边的酒窝处，通称笑靥。由于面靥自古就有遮掩脸部瑕疵的功用，因此现代女子面妆中依旧喜爱发挥其化腐朽为神奇的作用。

贴花钿1

贴花钿2

描斜红（太阳穴处涂红）

我们互相化个妆，穿上"唐装"，吟唱古诗词，体会大唐盛世不一样的感觉吧！

婀娜多姿满汉服，娇美可人格格妆

——清朝盛妆

　　清朝著名小说《红楼梦》里的女主人公——林黛玉，同学们都比较熟悉。她有着小家碧玉的形貌，又有着大家闺秀的风采，是曹雪芹最钟爱的女性人物。书中描写黛玉外貌两道弯眉似蹙非蹙，一双秀目似喜非喜，娇娇怯怯，泪光点点，如姣花照水，弱柳随风。这样灵气十足的淑女是如何装扮自己的呢？书中第四十九回，下雪后黛玉在大观园赏雪作诗时的装扮是这样的："黛玉换上掐金挖云红香羊皮小靴，罩了一件大红羽绉面白狐狸皮里的鹤氅，系一条青金闪绿双环四合如意绦。"这里看得出，清朝贵妇小姐们的穿着有红、有绿、有金，富贵得很。那么，清朝的女性服饰和妆容是怎样的呢？下面让我们一起来欣赏吧。

一、服装篇

　　清朝妇女日常所穿的服饰分为汉族和满族两类，满族都穿长袍，汉族则以上衣下裳为主。清朝服饰较明朝有显著变化，其中由结带变为纽扣。纽扣从明末开始使用，到清朝则变成衣服中不可缺少的衣饰。纽扣的形制为中式扣，最早只用在领子上，领子由交领、圆领变为高领，原来坦露的颈部也藏而不露，服装由宽大逐渐变化为合体的形式。

　　满族女性服装主要有旗装、坎肩，以及配旗装的长裤。

　　旗装是满族的传统服饰，并作为所有旗人（男女老幼）统一的一种袍式服装，所以叫旗装，满语称"衣介"。旗装又叫旗服，分为单、夹、皮、棉四种。女子穿长及脚面的旗装，或外罩坎肩。脚着长筒白丝袜，穿花盆底绣花鞋，裤腿扎青、红、粉红等各色腿带。服装喜用各种色彩和图案的丝绸、花缎、罗纱或棉麻衣料制成。有的将旗装面上绣成一组图案，更多在衣襟、袖口、领口、下摆处镶上多层精细的花边。

女性旗装

旗装为清朝后妃的常服，直身无领，平常穿用时，要加一条领巾，形似小围巾，围领一圈，在前面下垂一头。领巾上也绣有各种花样。清朝后妃的常服与满族贵妇的服饰基本相同，只是所用的图案不同，有百蝶、凤凰、牡丹等图样。在我国古代传说中，凤是鸟中之王，牡丹是花中之王，牡丹和凤凰结合象征着美好、光明、幸福。因此，皇后的常服上经常可以见到牡丹和凤凰的形象。这些图样全部由手工绣成，繁缛细腻而不乱，鲜艳富丽而不俗，堪称一代佳作。

穿旗装时袍内穿长裤，掩裆，小裤腿，裤腿上绣花。穿旗装时，中、青年妇女穿花盆底鞋，老年妇女则穿船底鞋。

清朝旗装

　　旗装外边多加穿坎肩，长至腰际，或与衫齐，多喜镶边。女式坎肩的式样有一字襟、琵琶襟、对襟、大捻襟、人字襟等数种，多穿在外面；工艺有织花、缂丝、刺绣等；花纹有满身洒花、折枝花、整枝花、独棵花、皮球花、百蝶、仙鹤等，内容都寓有吉祥含意。清中后期，在坎肩上施加如意头、多层绲边，除刺绣花边之外，加多层绦子花边、捻金绸缎镶边，有的更在下摆加流苏串珠等装饰。另外还有一种长背心，也是妇女喜爱穿着的。

清朝旗装及坎肩

清朝汉族妇女服饰仍沿用明朝服装形制，以衫、裙为主。上穿衫袄，下着裙、裤。衫袄的式样较宽大，长度在膝盖以下，嘉庆、道光以后，趋于窄小，长度也明显缩短；衣领用圆领或斜领，很少用高领。长袄的特点是在领底及袖口镶有宽花边为装饰，并且不同时期袖子流行的宽窄也不一样，时而流行宽，时而流行窄。有时还可以在衫袄外罩一件无领无袖齐膝的长背心。下身除穿裙外，也有穿裤子的。裙子穿在衫袄里面，以红色裙最吉祥，所以喜庆日、春节、嫁娶等场合一般都穿红裙。裙子有百褶裙、马面裙、鱼鳞裙、凤尾裙、红喜裙、月华裙、墨花裙等。

清朝汉服

二、妆饰篇

随着经济的发展、财富的增加，清朝女子发型式样也由俭入奢，从饰品简单的"两把头"，到可以用各色珠宝装扮的"架子头"，再到奢侈美艳的清宫"大拉翅"等。

"两把头"是从实用的角度出发，一般不佩戴贵重的饰物，加之清初风气比较节俭，所以以戴鲜花为多。

清中期，是史称乾隆盛世的黄金时代。各种金银珠宝源源运入后宫，宫妃们的起居日渐豪华。但是，小两把头很松散，尺寸也很小，根本佩戴不了珠宝，所以发架就出现了，俗称"架子头"。

到清朝晚期，清宫后妃又风行头套式的"大拉翅"。"大拉翅"是一种形似扇面的硬壳，高约一尺余，里面用铁丝按照头围大小做一圆箍和骨架，再用布裕褙做胎，外边包上青缎和青绒布，做成一个固定的纯装饰性大两把头。需用时，戴在头上；不用时，摘下搁置一边。既能美饰头发，又摘戴自如，可谓两全其美。

清朝女子盛行格格妆。这种妆容眉毛纤细高挑，形式单一，不如唐朝的眉形变化丰富；肤色以白皙为美，白皙的皮肤搭配细挑的眉毛，可以传神地表现出清朝女子惹人怜惜的娇柔之美；眼妆色彩淡雅柔和，眼线与眼影的衔接清晰，这样使得眼神更加清澈；胭脂多选用粉色系，打在颧骨下方，可使面部轮廓显得更加立体；唇妆的唇型要小而薄。

探究活动

化上格格妆，我们演绎一出清宫戏吧。

中洋结合小清新，犹抱琵琶半遮面

——民国盛妆

舶来品不分皂白地被接受，可见一斑。军阀来来去去，马蹄后飞沙走石……人们没有能力改良他们的生活情形，他们只能够创造他们贴身的环境——那就是衣服……一九二〇年的女人……她们初受西方文化的熏陶，醉心于男女平权之说，可是四周的实际情形与理想相差太远了，羞愤之下，她们排斥女性化的一切……因此初兴的旗袍是严冷方正的，具有清教徒的风格。

——摘自张爱玲《更衣记》

民国是一个过渡特征很强的时段，新旧杂糅，传统与现代之间复杂交织，处在这样纷纭的时代里，女性思想开始活跃，亦体现在妆容服饰里。

一、服饰篇

这是一个各趋极端的时代，政治与家庭制度的缺点突然被揭穿，年轻的知识阶级仇视着传统的一切，甚至于中国的一切。有一时期似乎各方面都有拂面的清明气象，服装上也显出空前的天真、轻快、愉悦，"喇叭管袖子"飘飘欲仙，露出一大截玉腕。

这时期的时装，大部分的灵感是得自于西方的。衣领减低了不算，甚至被蠲免了的时候也有。领口挖成圆形、方形、鸡心形、金刚钻形。白色丝质围巾四季都能用。

民国服装

二、妆饰篇

自古以来，历朝历代的妆容并不简简单单的只是女为悦己者容的小事，更能反映出这段历史时期的政治、经济、文化，尤其是统治者的思维和策略。

（一）20世纪初

晚清的阴云还没有散去，中华民国刚刚成立。还处于桎梏中的中国女性发型仍旧是脑后盘髻，整体以保守含蓄为美。妆容上，一字眉偏浓、偏黑，眉头比眉尾较高，以自然唇色为主。民初的女性都是一派低眉顺眼、楚楚可人的淑女模样。

（二）20世纪20年代

革命的春风不仅吹来了民主，也促成了女性大胆追求美的意识的觉醒。她们剪去长发，烫成自己喜爱的弧度。借助刚刚发明的卷睫毛器，她们的睫毛又翘又长，再加上两弯新月眉、深玫瑰色的朱唇、夸张的耳坠，当时女性拥有着恰到好处的风情和妩媚。

（三）20世纪30年代

女性开始摸索寻找更多能够表现自我的道路，于是有了借鉴西方发型的刘海的引进，引领全国风尚的"上海女孩"横空出世。在妆容方面与20年代相似，红、艳、香是主流。

（四）20世纪40年代

也许是硝烟战火还未平息，也许是动荡的心灵无处安放，20世纪40年代的女性又重新爱上了将烫发盘在脑后盘上，眉毛也偏向更加纤细的柳叶眉。此时的女性就像在后方平和家园里绽放的鲜花，优雅大气，能够稳定战场上男儿的心。

探究活动

喜欢中国风的衣服吗？喜欢旗袍吗？请搜集家里长辈的旗袍在班里展览一下，总结出旗袍的特点和适用场合。

时尚代言多元化，东方特质龙卷风

——现代妆容

现代淑女具有传统淑女独立、平等、智慧、灵秀的气质特点，但并非传统地完全回归与照抄，继承的是更加内蕴了的东方气质。现代淑女在新时代、新文化的背景下，已被赋予多元化的内涵。

一、新时代的女性审美

21世纪初中国女性开始对外输出东方女性的审美标准。小巧的瓜子脸搭配服帖利落的发型、细长的秋波眉，眼部的妆效更加追求精致，面部肌肤也要有透明光泽感，尤其唇部要有水润感。

再到我们所处的这个时代，女性的审美更偏向多元化。自然的长卷发，眼影和长睫毛勾勒出的炯炯大眼，再加上水光唇色，是淑女妆容的标配。

百年中华，我们从愁云惨淡走向了繁荣富强，女性也从男人的附属品走向了独立自信的半边天。从深受西方影响到开始对外输出，东方女性美之路也走得风生水起。

经济的发展带动了人们生活水平的提高，女性解放运动也推动了女性地位的不断提升，当今男女地位已经基本一致，女性在各行各业都有着不可磨灭的贡献。同时，女性地位的提升也改变了女性服装的设计原则，女性主义在现代女装设计中的影响愈加明显。社会是时代变迁的真实写照，并且对文化的形成有着推波助澜的作用，当今女性主义思想的空前发展是一种社会文化的进步。

服装设计

可以预见，未来的服装设计，甚至是未来的文化形态，应当以更加广阔的视角和更加包容的形态，在一个多元的文化视角下考虑设计的符号化与语义表达。在性别与气质不断和谐发展的大语境之下，未来的服饰必将冲破人性固有的限制，走向更加丰富多彩的新世界。

二、现代女性服饰审美搭配

作为女性，她们在服饰上反映出的心理活动非常鲜明，几乎每个人对此都十分敏感。无论是"和谐美""韵律美""造型美""曲线美""繁复美""纤巧美""简洁自然美"，还是"健康美"，女性对一切美的追求自然是迫切的，对一切美的对象的喜爱和欣赏都是非常直接和强烈的，因此表现得活跃又纷繁万千。但审美活动要受自身的修养、个性、审美、观念、经济状况等因素的制约，当今女性的服饰审美正悄悄地发生着改变。综合来说有以下几个类型，每个类型都有各自的特点。

（一）盲目模仿型

这类女性非常关心流行动态，但审美随波逐流，盲目地追逐世俗化的流行趋势，不管年龄、身份、气质符不符合，都会感觉很好。这种紧随时尚的模仿与从众心理使这些女性对美缺少理性的分析，在审美选择时出现世俗化、平庸化，也暴露了自身审美肤浅的一面。

（二）自然自主型

她们属于相对理性的群体，不盲目追求品牌，注重选择适合自己的服饰。她们基本上是具有相当的知识素养，在服饰穿着上不做作，简单大方，身形合一；在服饰搭配上不拘束、不呆板，上下浑然一体；颜色柔和宁静。她们穿自己喜欢的衣服，对着装有正确的认识，并从内心里喜欢它；心态平和，能正确认识到服饰是外在的，人是内在的，服饰为了衬托和表达内在而存在。这样的女性是最自信和美丽的。她们穿自己喜欢的衣服，加上正确的心态，在日常所有的表情、手势和心理活动都会自然流露。这些自然流露会给身边所有的人群以安全感和亲近感。

（三）时尚奢华型

服饰搭配中的"奢华美"是一种不容易达到，也很难把握的一种美。因为奢华即表示"奢侈""华丽"，多形容有钱人的生活，也形容爱慕虚荣的人所渴望的生活。奢华在很多地方被看作贬义词。但是，按现在的消费观和社会观来看，"奢华"其实是一个中性词，它指的是一种生活态度、一种品位和格调的象征。在西方社会，这是一种普遍认为值得鼓励的生活方式。她们认为这是一种积极的处世态度，通过自己的不懈努力取得辉煌成就的同时，追求个人生活品质的提高也是理所应该的。这充分显示了现代女性性格飞扬的特点。

（四）休闲运动型

生活繁忙的现代人希望回到大自然的怀抱，或通过一些方式来减轻压力，所以有的女性追求自由随意、便于运动又亲近自然的衣服，款式上采用大自然中的元素，便于活动和搭配。

一个女性一生中会遇到无数种服饰，她们对服饰的审美也不是一成不变的，会随着年龄、生活的经历而变化。日常的服饰在服装穿着、饰品佩戴等方面体现现代女性积极向上的健康生活方式。

探究活动

　　校服的设计有什么特点呢？比较其与家居服装的不同，自己设计一套更美的校服，推介给同学们。